JN070156

金融のプロになる

決算書の見方 編 2

FSC 金融ブックス

はしがき

決算書には，貸借対照表，損益計算書，キャッシュ・フロー計算書，株主資本等変動計算書など多くの種類があり，各書類にはそれぞれ違った特徴や役割がありますが，これらの特性を知り，さらには税務申告書や資金繰り表などとの整合性を分析することが重要です。

企業の財政状態や営業成績を表した決算書は，企業診断及び融資審査を行う際に欠かすことの出来ない最重要資料であり，金融機関の融資担当者がこれを正確に判断することができれば，金融機関にとって安定した融資先の獲得や業績の向上にダイレクトに結び付くことでしょう。

ところで，決算書はある一時点またはある一定期間の状態や業績を表したものに過ぎない過去の資料であるため，これをもって企業の現況を全て知るに十分な資料ではありません。融資担当者は，決算書の数字からその企業の過去の業績を知り，ここから未来へ向けてどのように変容するのかを読み取り，判断する能力を養う必要があります。

本書は，決算書のうち主に貸借対照表及び損益計算書にスポットを当て，その概要と各勘定科目について理解し，さらには，与信判断上の実務ポイントを明らかにすることにより，融資を実行すべきか否かの判断の仕方，不良債権の見つけ方，粉飾の発見方法まで網羅し，決算書の基本を理解することはもちろんのこと，融資判断実務に即実践・応用できるような内容としたことに特徴があります。

著者は会計事務所勤務時代から15年以上に亘って決算書作成実務に携わり，また，クライアントへの融資サポート及びアドバイスなどを数え切れないほど行ってきました。また，監修者は金融機関出身であり，さらに国税局ＯＢとして数多くの税務調査に携わり，また，審理を行ってきた経験を有しています。ゆえに，本書は企業，金融機関，会計事務所（税理士・公認会計士），国税の四方を知る者の手によって著された書であります。

本書は弊社の「金融のプロになるシリーズ」第２巻目として決算書を通じて財務分析の基本が手にとるように理解できる構成となっているため，金融マン人生のスタートを切った方々の入門書として最適なことはもちろん，ベテランの金融マンの方々にとっても常に携行できるバイブルのような書であることに相違ありません。

世の中には星の数ほど「決算書本」が存在しますが，本書は特に金融機関に勤務する方々へ向けて，決算書の基本及び本質と与信実務に直結した内容で書かれたものであり，このような類書はほとんど存在せず，必ずや融資担当者や渉外担当者のお役に立つものと確信しています。

2020 年 1 月

著者　　徐　瑛義

目　次

第３章　税務申告書と決算書の関係は

第４章　決算書の分析に必要な知識

第５章　融資判断実践のポイント

第６章　キャッシュ・フロー計算書の見方・分析の仕方

第1章

決算書とは

決算書とは何かというテーマについて明らかにするとともに，決算書の種類とそれぞれの役割・見方について概観します。

まずはこの章で基本をマスターしましょう。

1　決算書とは何か

Point

決算書（財務諸表）には様々な種類が存在します。

決算書作成の根拠となる法令や諸規定について理解し，それぞれの相違点や関係について十分に理解することが重要です。

①　会社法会計

　→　会社法に基づいて，株主総会に提出して，株主など企業の利害関係者に対して報告するために作成する決算書（会社計算規則）

② 税法会計（税務会計）

　→　税務申告のために法人税申告書に添付して提出するために作成する決算書（法人税法）

③ 金融商品取引法会計

　→　一部の会社を対象として金融庁へ提出するために作成する有価証券報告書（財務諸表等規則）

1　決算書は企業の成績表

企業は，会社法や税法などの法律によって，少なくとも年に1回は確定決算を行うことにより，その事業年度終了時における適正な利益計算をすることが定められています。また，これに基づいて税務申告や決算公告を行うことが義務づけられています。

ここで，税務申告のために添付される報告書類や決算公告を行うための書類を一般に決算書と呼びます。正式には財務諸表といいます。すなわち，決算書とは，一定期間の経営成績や財務状態等を明らかにするために作成される書類のことで，企業の一事業年度における成績表です。

世の中には様々な会社があります。業績が良い会社・悪い会社，手元資金が豊富な会社・少ない会社，成長過程にある会社や倒産しそうな会社などなど，様々な会社の実態を把握する上で決算書は非常に有意義な情報を与えてくれるツールです。そして与信管理のためにも大きな役割を果たすのが決算書です。

ところで，ひと言で決算書といってもその種類は様々で，貸借対照表，損益計算書，株主資本等変動計算書，キャッシュ・フロー計算書，株主資本等変動計算書，個別注記表，附属明細表などがあります。

・貸借対照表（Balance Sheet, B/S）

貸借対照表とは，会社の一時点における財政状態を明らかにするための計算書です。事業年度末におけるすべての資産・負債・純資産が記載されています。

・損益計算書（Profit and Loss Statement, P/L）

損益計算書とは，会社の一定期間（一事業年度）における経営成績を明らかにするために作成される計算書です。当期の収益とそれに対応する費用を示すことで，その差額として当期利益の額を計算しています。

・キャッシュ・フロー計算書（Cash Flow Statement, C/F）

キャッシュ・フロー計算書とは，会社が保有する資金の運用状況を明らかにするために，一会計期間におけるキャッシュ・フローの状況を一定の活動区分別に表示した計算書です。すなわち，貸借対照表における資金項目の増減明細表です。

・株主資本等変動計算書

株主資本変動計算書とは，貸借対照表や損益計算書の記載だけでは株主資本の各項目の変動を理解することが困難なため，純資産の部の変動額と変動事由を報告するために作成される計算書です。

・**個別注記表**

個別注記表とは，会社計算規則により要求されるもので，重要な会計方針にかかわる事項に関する注記や貸借対照表，損益計算書及び株主資本等変動計算書により会社の財産または損益の状態を正確に判断するため必要な事項等が記載されています。

・**附属明細表**

明瞭性の原則に基づいて，財務諸表を補足するものとして作成が求められている報告資料の１つです。有価証券明細表，有形固定資産明細表，借入金等明細表，引当金明細表などがあります。

2　日本の会計の特色

決算書を作成するための会計ルールは，現状国際的な共通ルールを設けようとする動きはあるものの，原則として世界各国で異なり，それぞれの国における慣行や法令等で定められるものです。

日本の会計は，一般に公正妥当と認められる「公正なる会計慣行」を規範としています。公正なる会計慣行とは，1949年に大蔵省企業会計審議会が定めた「企業会計原則」を基礎として，その後の経済状況や社会情勢の変化にあわせて同審議会が都度設定･変更してきた会計基準と，2001年以降は企業会計基準委員会が設定した会計基準を合わせたものを指しています。

日本の会計制度は，この公正なる会計慣行を様々な法律がその立法趣旨や目的にしたがって利用する形によって形成されています。その主なものには，金融商品取引法，会社法，税法があり，これらは主に企業会計制度を構成するものです。

このほか，学校法人では私立学校振興助成法，独立行政法人では独立行政法人通則法，政治政党では政党助成法など，その法律の目的を達成するために独自の規定を設けて会計を利用しています。

図表１－１　会計と法律の関係図

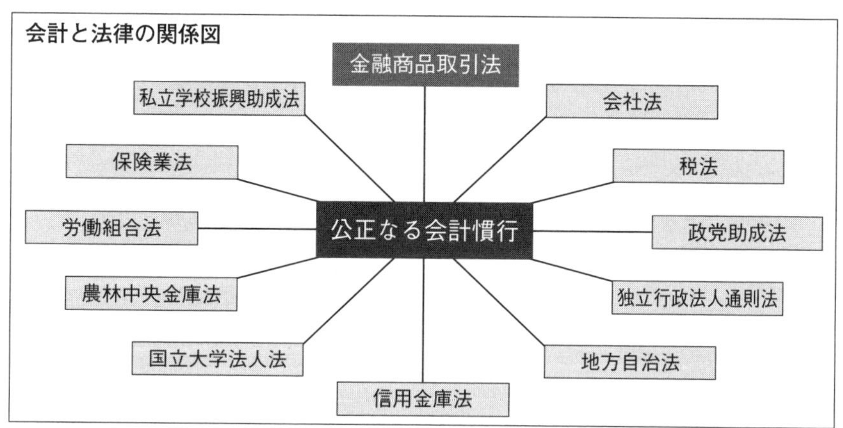

（日本公認会計士協会 HPより）

すなわち日本の会計制度においては，企業会計，学校法人会計，公会計など様々な会計処理の方法が存在し，構成されています。

３　決算書の作成目的と３つの会計体系

会社が作成する決算書（財務諸表または計算書類）の作成目的には大きく次の２つに分けることができます。

① 管理目的の決算書（内部報告＝管理会計）

経営者自身が一事業年度における経営活動の成果としての経営成績や財政状態を把握し，経営の指針とするもの

② 財務報告目的（外部報告＝制度会計）

企業の経営活動の結果を，株主や取引先や金融機関などの債権者及び税務当局などの利害関係者，もしくは一般投資家などに対して報告するためのもの

①は各企業において経営者自身の理解しやすいよう自由に作成することができますが，②の目的を達成する決算書を作成するためには一定の

図表１－２　財務諸表の３つのルール体系

	会社法会計	税法会計	金融商品取引法会計
作成目的	株主及び債権者保護	課税の公平	投資家保護
利益計算の目的	配当可能利益の計算	課税所得の算定	投資判断に必要な経営成績や財政状態の開示
財務諸表等の種類	・貸借対照表 ・損益計算書 ・株主資本等変動計算書 ・個別注記表 ・附属明細書	・財務諸表の様式は規定されていないため，会社法等に準じて作成されたもの（貸借対照表）（損益計算書）（株主資本等変動計算書）	・貸借対照表 ・損益計算書 ・キャッシュ・フロー計算書 ・附属明細表
主な根拠法令等	・会社法 ・会社法施行規則 ・会社計算規則	・法人税法 ・同施行令 ・同施行規則	・金融商品取引法 ・財務諸表等規則

ルールに基づく必要があります。それには大きく分けて図表１－２のように３つのルール体系があります。

決算書の作成目的の相違により，図表１－２のように３つの会計体系が存在するのですが，ここで注意すべき点は，１つの会社がそれぞれの会計体系のために別の決算書を作成するのではないということです。すなわち，各企業はそれぞれの目的に合わせて異なる会計体系を用いて決算書を作成するのみです。例えば，上場企業の場合は有価証券報告書を作成するために金融商品取引法会計を適用し，非上場の中小企業は税務申告のためだけに税法会計に基づいて決算書を作成します。

ただし，後の章でも詳しく述べますが，実務上においては企業が個々の会計処理を選択するうえで法人税法の規定に強く影響または制限されることになるため，このことも頭の隅に入れておくようにしましょう。

４　企業会計原則は決算書作成上の憲法

企業会計原則とは，すべての企業が会計処理をする際，すなわち決算書を作成する際に従わなければならない指針となる規範のことです。日本における会計原則とは企業会計原則と企業会計基準委員会が作成した各種会計基準を指します。このうち，企業会計原則は，一般原則，貸借対照表原則，損益計算書原則から成り立っており，会計原則は法規ではないが会計を実施するに当たって遵守しなければならない社会的ルールです。

企業会計原則は昭和24年に制定されましたが，その際に以下のように述べられています。

① 企業会計の実務の中に慣習として発達したものの中から，一般に公正妥当と認められたところを要約したものであって，法令によって強制されなくてもすべての企業が会計処理にあたって従わなければならない基準

② 公認会計士が監査をなす場合において従わなければならない基準

③ 会社法，税法等の企業会計に関係する諸法令が制定改廃される場合において尊重されなければならないもの

すなわち，会社法会計，税法会計，金融商品取引法会計と３つの会計体系が存在するにせよ，それぞれ会計処理の基準としては企業会計原則に従うことが規定されています。

したがって，それぞれの法律等の規定がなくても企業会計原則に従う必要があることから，決算書を作成する際における憲法ともいうべき役割をしていると理解してください。

5　会社法会計と税法会計の違い

金融商品取引法により有価証券報告書の提出が義務づけられる会社は上場企業などの一部の大企業に限られます。一方，会社法は規模の大小を問わず全ての会社に適用されることから，基本的には会社法会計により作成される決算書について理解しておき，金融商品取引法により作成される決算書については，会社法との表示方法の相違点を認識しておけば十分です。

税法会計においては決算書の様式は規定されていないため，会社法等に基づいて作成された決算書をもとに，課税所得及び税額を計算するための確定申告書とその別表が作成されることになります。すなわち,「税法上の決算書」というようなものは個別に存在しません。

しかし，実務上は個々の会計処理に関しては法人税法の影響と制限を強く受けることになります。その理由は以下のとおりです。

①　会社法及び企業会計原則が会計処理の細部について規定していないこと

会社法及び企業会計原則は，会計処理の細部についてまで規定せずにある程度判断や裁量の余地を残しているのに対して，法人税法は公平な課税を期するため会計処理について個別的・具体的にかなり詳細に規定しています。

したがって，会社法及び企業会計原則等で会計処理の規定が詳細に規定されていないときはもちろんのこと，規定されていても選択の余地がある場合には，法人税法等で規定されている会計処理の方法のうち会社にとって税務上最も有利な方法が選択されることが多くなります。

②　法人税法が確定決算主義であること

通常，会社法会計における利益と税法会計における課税所得との差異は，確定申告書の別表四で申告調整すればよいことになっています。しかし，会社が株主総会で確定する決算で処理していなければ税務上も損金算入を認めないようなこともあるため，この場合は法人税法で要求される会計処理を採用せざるを得ないことになります。

このように，会計処理に関しては実務上多くの場合において法人税法の規定に影響されます。よって，会計上の利益と税務上の課税所得の差異を調整する法人税確定申告書別表四「所得の金額の計算に関する明細書」をはじめとする別表の見方を習熟することにより，さらに深く会社の決算書を理解することが可能となります。これらの詳細については第３章で詳しく述べます。

2　貸借対照表及び損益計算書の表示様式

Point

決算書のうち代表的な貸借対照表と損益計算書について，その表示様式をしっかりと頭に入れましょう。

企業から入手した決算書がこれと異なっている場合には，内容を組み替えて判断しなければ比率分析などを誤ることとなります。

決算書の代表である貸借対照表及び損益計算書の表示形式には，「勘定式」と「報告式」とがあります。会社法上はどちらを採用するべきか明確に規定されていませんが，一般的には，貸借対照表は「勘定式」，損益計算書は「報告式」が採用されていることが多いでしょう。

貸借対照表は，純資産（自己資本）の増減（資本金±利益）をプラスの財産（資産）及びマイナスの財産（負債）として示すものです。また，貸借対照表においては，決算期末日現在における，その時の財産内訳が示されています。

損益計算書は，貸借対照表に記載されるお金の増減の経過と理由を要因別にまとめたものです。損益計算書は，どれだけ純資産（自己資本）が増えたか（利益），または減ったか（損失），そしてその理由は何であったか，ということを説明するために企業の１年分の取引を要因別に集計したものです。

言い換えれば，損益計算書と貸借対照表は，企業活動をフローとストックという２つの視点から報告したものと言えます。

上記を踏まえたうえで，以下に貸借対照表と損益計算書の具体的な表示様式を例示しますので，まずはこの形をしっかりと頭に入れましょう。

1　貸借対照表のしくみ

図表１－３　貸借対照表の表示例（報告式）

貸借対照表（　年　月　日　現在）　　（単位：百万円）

〈資産の部〉		〈負債の部〉	
流動資産	××××	**流動負債**	××××
現金・預金	×××	支払手形	×××
受取手形	×××	買掛金	×××
売掛金	×××	短期借入金	×××
有価証券	×××	社債（1年以内に償還予定）	×××
製品	×××	未払金	×××
半製品	×××	未払法人税等	×××
原材料	×××	未払消費税	×××
仕掛品	×××	未払費用	×××
貯蔵品	×××	前受金	×××
その他	×××	賞与引当金	×××
貸倒引当金	△×××	その他	×××
固定資産	××××	**固定負債**	××××
有形固定資産固定資産	××××	社債固定資産	×××
建物	×××	長期借入金	×××
構築物	×××	退職給与（付）引当金	×××
機械装置	×××	特別修繕引当金	×××
工具器具備品	×××	その他	×××
土地	×××		
建設仮勘定	×××	〈純資産の部〉	
無形固定資産	××××	**Ⅰ　株主資本**	
工業所有権	×××	1　資本金	
その他	×××	2　新株式申込証拠金	
投資その他の資産	××××	3　資本剰余金	
投資有価証券	×××	(1)　資本準備金	
子会社株式・出資金	×××	(2)　その他資本剰余金	
長期貸付金	×××	**資本剰余金合計**	
その他	×××	4　利益剰余金	
貸倒引当金	△×××	(1)　利益準備金	
繰延資産	××××	(2)　その他利益剰余金	
開発費	×××	××積立金	
		繰越利益剰余金	
		利益剰余金合計	

		5　自己株式	
		6　自己株式申込証拠金	
		株主資本合計	
		Ⅱ　評価・換算差額等	
		1　その他有価証券評価差額金	
		2　繰延ヘッジ損益	
		3　土地再評価差額金	
		評価・換算差額等合計	
		Ⅲ　新株予約権	
		純資産合計	
合　　計	××××	合　　計	××××

なお，金融商品取引法に基づいて作成される有価証券報告書については，貸借対照表及び損益計算書ともに「報告式」で作成されます。金融商品取引法が適用されるのは上場会社などに限定されており，公開会社の有価証券報告書は一般に入手することが可能です。よって，本書では詳細な説明を割愛します。

図表１－４　貸借対照表の項目区分

<table>
<tr><th colspan="2">借方（資産の部）</th><th colspan="2">貸方（負債及び純資産の部）</th><th></th></tr>
<tr><td rowspan="3">流動資産</td><td>当座資産</td><td colspan="2" rowspan="3">流動負債</td><td rowspan="5">他人資本</td></tr>
<tr><td>棚卸資産</td></tr>
<tr><td>その他の流動資産</td></tr>
<tr><td rowspan="3">固定資産</td><td>有形固定資産</td><td colspan="2" rowspan="2">固定負債</td></tr>
<tr><td>無形固定資産</td></tr>
<tr><td>投資その他の資産</td><td rowspan="2">純資産</td><td>株主資本</td><td rowspan="2">自己資本</td></tr>
<tr><td colspan="2">繰延資産</td><td>評価・換算差額等
新株予約権</td></tr>
<tr><td colspan="2">資産合計</td><td colspan="2">負債及び純資産合計</td><td></td></tr>
</table>

⑴　正常営業循環基準と一年基準（ワンイヤー・ルール）

貸借対照表は，図表１－４のように資産の部・負債の部・純資産の部に区分表示されます。

資産の部及び負債の部は，流動性の観点から，さらに流動資産と固定資産・流動負債と固定負債とに区分されます。資産及び負債を流動と正常固定に区分する基準には，以下のように正常営業循環基準と一年基準とがあり，正常営業循環基準に適合する資産及び負債は流動資産または流動負債とし，それ以外の資産及び負債については原則として一年基準により流動・固定の分類を行います。

①　正常営業循環基準

正常な営業活動の循環過程にある資産・負債を流動資産・流動負債と

して分類する基準です。受取手形，売掛金，前渡金，支払手形，買掛金，前受金など，企業の主目的たる営業取引により発生した債権及び債務ならびに棚卸資産等のように，会社の本来的な営業活動により発生する資産及び負債は流動資産または流動負債とします。

② 一年基準（ワンイヤー・ルール）

正常営業循環基準に適合しない資産及び負債については，決算日の翌日より起算して１年以内に制限の到来するものについては流動資産または流動負債として区分し，それ以外のものは固定資産または固定負債とします。

(2) 流動性配列法と固定性配列法

配列の順序については，流動性の高い勘定科目から順次並べていく流動性配列法が一般的であり，企業会計原則でも原則的方法とされています。これは，資産は現金化しやすい順番に上から並べ，負債は返済すべき期間の短い順に上から並べる配列方法です。なお，電気会社やガス会社のような一部の特殊業種では，これとは逆に配列する固定性配列法が

図表１－５ 流動性配列法と固定性配列法の違い

流動性配列法

流動資産	流動負債
固定資産	固定負債
繰延資産	純資産

固定性配列法

固定資産	固定負債
流動資産	流動負債
繰延資産	純資産

２　損益計算書のしくみ

図表１－６　損益計算書の表示例

損益計算書
（自○年○月○日　至○年○月○日）
（単位：百万円）

科　　目	金　　額	
売上高		×××
売上原価		×××
売上総利益		×××
販売費及び一般管理費		×××
営業利益		×××
営業外利益		
受取利息及び配当金	×××	
その他	×××	×××
営業外費用		
支払利息	×××	
その他	×××	×××
経常利益		×××
特別利益		
前期損益修正益	×××	
固定資産売却益	×××	
その他	×××	×××
特別損失		
前期損失修正損	×××	
固定資産売却損	×××	
減損損失	×××	
その他	×××	×××
税引前当期純利益		×××
法人税，住民税及び事業税	×××	
法人税等調整額	×××	×××
当期純利益		×××

採用されています。これは，固定資産や固定負債を流動資産や流動負債よりも先に並べる方法です。

損益計算書は上図のように表示されます。旧商法施行規則では，経常

図表1－7　損益計算書における利益の計算過程

Ⅰ	売上高	100,000	
Ⅱ	売上原価	60,000	
	売上総利益	40,000	営業損益計算の区分
Ⅲ	販売費及び一般管理費	5,000	
	営業利益	35,000	
Ⅳ	営業外利益	5,000	
Ⅴ	営業外費用	10,000	経常損益計算の区分
	経常利益	30,000	
Ⅵ	特別利益	2,000	
Ⅶ	特別損失	3,000	
	税引前当期純利益	29,000	純損益計算の区分
	法人税、住民税及び事業税	12,000	
	当期純利益	17,000	

損益の部と特別損益の部に分けて，さらに経常損益の部を営業損益の部と営業外損益の部に分けて表示することになっていましたが，会社法施行後の決算においてはそのような表示はすべて無くなり，次に掲げる項目に区分して表示することとなりました。

①　売上高
②　売上原価
③　販売費及び一般管理費
④　営業外収益
⑤　営業外費用
⑥　特別利益
⑦　特別損失

なお，各項目について細分することが適当な場合には，適当な項目に細分することができます（会社計算規則88条1項）。

損益計算書については，利益を段階的に計算することで利益の発生過程を明らかにするために，区分表示することが要請されています。表示様式を見れば明らかなように，利益計算を3つの発生過程に分けて区分しています。

・営業損益計算の区分

まず「売上高」から「売上原価」を差し引いた「売上総利益」が

計算され，ここから「販売費及び一般管理費」を差し引いた「営業利益」が計算されます。「営業利益」までは，会社の主たる営業活動から発生する収益及び費用が記載されます。

・経常損益計算の区分

次に，「営業利益」に「営業外収益」と「営業外費用」を加減して「経常利益」が算出されます。「営業外収益」及び「営業外費用」には，会社の主目的たる営業活動以外から生じる財務上の損益や付随業務から生じる損益などが記載されます。「経常利益」は主として財務収支の影響を受けるため，財政基盤の強弱に左右されます。「経常利益」までは，当期の業績すなわちその期の経営活動の結果（経営成績）が示されています。

・純損益計算の区分

最後に，「経常利益」に「特別利益」と「特別損失」を加減して「税引前当期純利益」が計算されます。「特別利益」及び「特別損失」は，当期の業績と直接関係のない過年度の損益修正項目や固定資産売却損益，災害損失などの臨時･巨額な利益または損失が計上されます。「税引前当期純利益」は，臨時・巨額の損益や前期損益修正などの影響を受けるため，当期の業績を正確に反映しているものとはいえないため，通常は「経常利益」の額が当期の業績を判断するうえで重要な指標となります。

実務上は，このように区分された損益計算書を利用して以下のように会社の収益力の中身を分析していきます。

①　売上総利益に注目し，商品力や販売力をみる

②　営業利益に注目し，販売費や管理費などの経営管理面をみる

③　営業外収益・費用に注目し，財政面での豊かさや財務運営の影響をみる

④　特別利益・損失に注目し，当期にのみ影響する臨時・巨額なものをみる

3　決算書の作成手続

Point

決算書を読みこなすには，決算書作成のルールや表示形式の基本にある考え方を理解することが最も重要ですが，さらに決算書作成の手続，特に決算整理手続を含む簿記の手続に慣れておくことが必要です。

決算書作成の手続については，決算整理手続とも関係の深い「発生主義」と「費用収益対応の原則」という損益計算書を作成するにあたっての重要な原則についても理解しておきましょう。

1　決算書作成の手順イメージ

決算とは，経営活動を区切り，その期間（会計期間）の損益を計算し，経営成績や財政状態を明らかにするために，貸借対照表や損益計算書を作成する作業のことをいいます。

企業は期中に様々な取引を行い，発生した取引についてその都度，仕訳・転記を行います。そして，期末に帳簿を締め切り，決算整理手続経

図表1－8　取引発生から決算までの会計処理の流れ

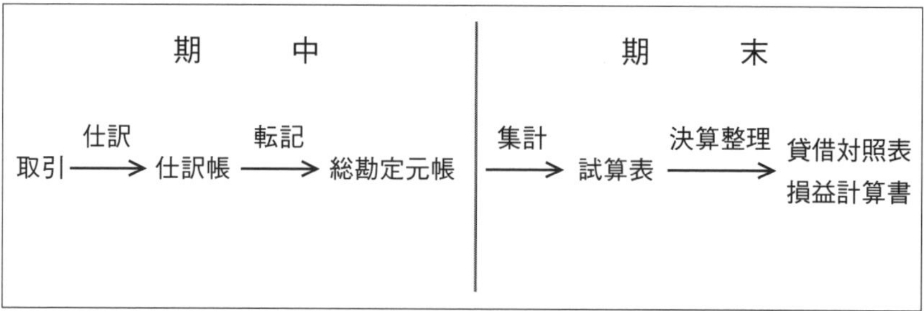

図表１－９　決算手続の流れ

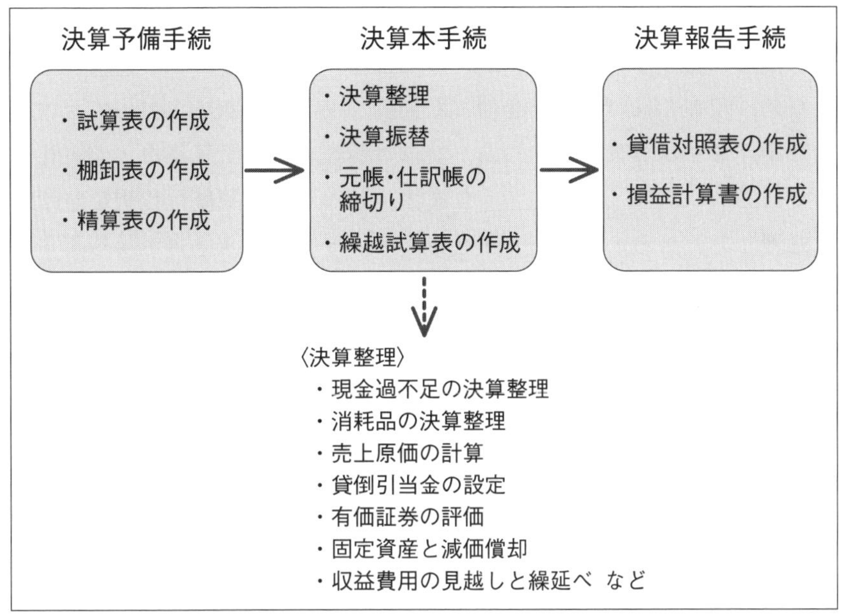

て，貸借対照表や損益計算書を作成するという流れになります。

期末における決算作業をさらに詳細に図示すると図表１－９のようになります。

仕訳帳もしくは伝票記入時の通常の仕訳については，売上の計上，仕入れの計上，経費の計上など，外部との取引に基づくものであるため，簿記の知識のない方でも比較的理解しやすいと思います。しかし，決算時の決算整理仕訳は，外部との取引とは無関係の期間損益計算のために行う理論的なものであるため，やや馴染み難いかもしれません。こちらについては後で詳しくみていきましょう。

なお，中小企業においては，決算整理仕訳は顧問税理士などに処理を任せきりであることが多いため，社長や経理担当者へ詳細を聞いても明確な答えが返ってくることは稀です。したがって，決算整理仕訳（手続）についてある程度の知識をもっておくことが決算書を分析する上での強力な武器となります。

なお，現在ではパソコンを使った会計ソフトで仕訳を入力しておけば総勘定元帳や試算表はもちろん，貸借対照表や損益計算書などの決算書まで自動的に計算・印刷してくれます。しかし，決算整理仕訳を自動的に処理してくれることはありませんので，通常の仕訳入力と同じように決算整理仕訳を入力する必要があります。

2　決算整理手続の内容

決算手続とは，簡潔にいえば，期間損益計算を適正に行うために必要な決算整理仕訳を行うことです。主な決算整理仕訳には以下のようなものがあります。

① 商品・製品等棚卸資産の棚卸
② 経過勘定項目の見越・繰延計算（未収利息，前払家賃などの計上）
③ 各種引当金の計上（貸倒引当金，退職給付引当金などの計上）
④ 減価償却費の計上（有形固定資産，無形固定資産，繰延資産の償却）
⑤ 資産の評価（棚卸資産，有価証券，外貨建債権債務などの評価）
⑥ 不良資産の処理（貸倒損失など）
⑦ 法人税等の計算（未払法人税等及び未払消費税の計上）
⑧ 税効果会計（繰延税金資産・負債の計上）

これらの詳細については，「第２章　決算書の勘定科目の見方」のそれぞれの該当する箇所を参照してよく理解しておくようにしてください。

3　費用収益対応の原則と決算整理手続

期中の取引に基づく通常の仕訳は，基本的には現金の出し入れに基づく収支計算により行われますが，売上や仕入れなどは，商品の発送もしくは材料の入庫といった一定の事実の発生に基づいて売上と売掛金もしくは仕入れと買掛金を計上する発生主義（実現主義）を採用することにより当期の業績を正確に示すようになっています。

さらに，期末の決算整理手続においては，仕入れた商品のうち当期に売り上げた部分に対応する部分のみを売上原価として計上し，残額については棚卸資産として貸借対照表に残して翌期の損益計算に繰り越します。

このように，発生（実現）した収益に対応した費用のみを認識することを費用収益対応の原則といいます。

企業は将来にわたって事業を永続的に継続することを前提としている（ゴーイングコンサーン＝継続企業の原則）ため，ある一定の期間（通常１年）を区切って決算を行う必要があります。この一定の期間の業績を正確に示すためには，このように発生主義（実現主義）と費用収益対応の原則により期間損益計算をする必要があります。

期末決算整理仕訳は，原則としてすべてこの発生主義（実現主義）と費用収益対応の原則に基づいて行われ，収支計算とのズレが貸借対照表に計上されて翌期に繰り越されます。

4　決算整理手続と粉飾

金融機関から融資を引き出したり，不良債権隠しをしたり，財務構成を健全化したりするなどの目的のために決算書を意図的に見栄え良くする行為を粉飾決算といいます。

「決算書が読めるようになれば銀行員として一人前」などと金融機関の新入社員研修でよく言われることと思いますが，取引先企業がどんな経営状態にあるのかを判断する材料として決算書は最も重要な資料であり，基本的に金融機関はその内容を検討することによって今後の融資方針を決定しています。

会計や簿記の勉強をすれば新人行員でも決算書に記載されている内容を理解することはできますが，そこに記載されている内容が真実か否かという判断は非常に重要です。それほどに粉飾決算は蔓延していますので，十分に注意する必要があります。

会社が粉飾決算をする場合に一番利用されるのが決算整理手続における決算整理仕訳です。その理由としては以下のとおりです。

① 期末の損益状況を見てつじつま合わせをするため
② 外部の取引と関係のないものなので，翌期以降の処理が楽であるため
③ 伝票一枚で手軽にできるため

以下に粉飾手法の例を挙げておきますので，どのような手法があるのかを知っておきましょう。

① 架空売上を計上する，水増し計上する
② 翌期の売上を当期に前倒し計上する
③ 当期の仕入れを翌期へ繰り延べる（当期に計上しない）
④ 棚卸資産を過大計上して売上原価を減らす
⑤ 減価償却費等を過少計上して販売費及び一般管理費を減らす
⑥ 経費項目を繰延資産や長期前払費用として計上して販売費及び一般管理費を減らす
⑦ 不良債権となっている売掛金を貸付金や未収入金，仮払金などに振り替えて隠す
⑧ 固定資産を流動資産として計上し，流動性を高くする

なお，具体的な粉飾の方法とその見破り方については，第２章の各項目を参照してください。

4　決算書を概観するポイントとは

Point

決算書を概観し，まずはその地域や業界における存在感を売上高や資産規模で判断します。

事業や資本の効率性は，売上高利益率や総資本利益率に示されます。

安全性については，長期的安全性は自己資本比率や固定長期適合率などで，短期安全性は流動比率や当座比率などを一応の基準として判断します。

また，会社の成長性について，売上高や利益の伸び率で俯瞰します。

●木を見て森も見る

決算書については，その細部を分析する前に，まずは全体をみることからはじめます。細部の分析に入る前にまずは決算書を大きくとらえる理由は，１つは「木を見て森を見ない」では大局判断を誤ることになるからです。もう１つは，収益や財務体質，その背景にある経営姿勢をおおまかにとらえることにより，

①　全体的にはこういう状態のようだ

②　このあたりに問題がありそうだ

③　重点的に調べるのはこの部分のようだ

というようにポイントを絞ることによって，以後の分析を効率的・効果的に進めることができるようになるからです。

ただし，事前に大まかなポイントを捉えることは非常に重要なのです

が，逆にこれに囚われ過ぎてもいけません。細部を調べてみた結果によって，当初の判断を柔軟に変えていくことも重要です。

様々な企業が存在し，それぞれ方向性や経営内容は異なります。いろいろな角度からみた総合判断をすることが，決算書の見方を誤らないことに通じます。

(1) 資産規模と売上規模をみる

まずは資産規模と売上規模をみます（総資産の額や売上高)。そして同業他社や業界の平均値等と比較して，その地域や業界でどの程度の存在感があるか見ます。

(2) どれほどの利益があがっているかを見る

次に，資産規模や売上規模に見合う利益をあげているか，以下のような分析比率を利用して経営効率について検討してみます。

① 売上高経常利益率

② 総資本経常利益率

(3) 特別損益や臨時損益の有無を見る

さらに，土地売却益や不良資産の償却など特別損益や臨時損益の存在を確認します。これらは会社の収益力を検討する場合に当期の業績とは直接関連しないことを認識しておく必要があるとともに，その発生原因や内容について十分に検討することが重要です。

(4) 資産内容の構成を見る

会社が利益をあげた結果としての資産内容はどの程度充実しているか(自己資本比率など)，どのような財務構成となっているか（流動比率，固定比率，固定長期適合率など）を検討します。

(5) 業績維持の状況を見る

最後に，過年度分の決算書を並べて業績推移（売上や利益の推移）を比較し，経済状況や同業他社との対比などと照らして，会社の成長性や将来の展望などについても検討してみます。

5　貸借対照表・損益計算書どちらが重要か

Point

一般的に，会社法は債権者保護の観点から安全性（貸借対照表）重視であり，金融商品取引法は投資家保護の観点から収益性（損益計算書）を重視する傾向があると考えられています。

しかし，会社法が損益計算書を軽視したり金融商品取引法が貸借対照表を軽視したりしているわけではありません。

実務においても同様で，どちらを重視するかは会社の発展段階によっても異なります。要はバランスが重要です。

●企業発展の段階によって判断ポイントは変わる

一般的に，融資対象として「良い会社」という場合は次のような点が判断基準となります。

① 利益の額が大きい

② 財務内容，資金繰りが良好である

③ 担保・保全に問題がない

④ 将来性がある

⑤ 経営者が優れている

上記のうち，担保や保全については財務分析の分野ではありません。また，将来性＝成長性といった部分についても，決算書は過去の結果（成績表）であるため，基本的に企業の先行きについての正確な判断は難しいでしょう。

そうすると，確実に決算書から判断できるポイントは，収益性や安全性といった分野に限られることとなります。すなわち，収益性は損益計算書で，安全性は貸借対照表を中心として分析することとなります。

それでは，貸借対照表と損益計算書のどちらが重要なのでしょうか。そもそもそんなことを考えることがおかしい，どちらも重要であり，双方のバランスがとれてこそ優良企業であるという考え方が自然なように思えます。

理論上は確かにそのとおりですが，金融機関が現実に取引している企業はそのような理想的な企業ばかりではありません。また，企業はその発展段階に応じて，創業したばかりの黎明期，利益を稼ぐ成長期や財務が充実してくる安定期もあり，また，過去の内部留保の蓄積によりゆとりのある成熟期もあります。もちろん，赤字続きで苦しい状況である段階もあることでしょう。

そうした企業の発展段階のどの時期に位置しているかということにより，貸借対照表と損益計算書のどちらに軽重をおくかを判断することが重要です。例えば，創業したばかりの若い会社を財務内容が貧弱だという理由だけでマイナス査定すると判断を誤りますし，営業政策的にも将来の成長企業を取り込めないこととなってしまいます。逆に，財務内容が安定している成熟期の会社の場合でも，損益状況を見極めなければ後々に痛い目にあう可能性もあります。

(1)　長期的には収益性が基本

企業は利益さえあげていれば，現在の財務内容が不十分であっても徐々に蓄積を増やし，資産内容が充実し，資金繰りにも余裕ができるようになっていきます。

逆に，現在は財務内容が良好でも，低収益や赤字が続けばジワジワとその過去の蓄積部分が食い潰されていきます。このような場合，長期的には財務内容の悪化によりジリ貧状態となり，倒産に至る可能性もあるでしょう。

したがって，長期的スタンスで企業判断を行う場合には，収益性のほうが重要となってくる，すなわち損益計算書を重視する必要があるといえそうです。

(2)　短期的には安全性（流動性）が重要

上記(1)とは違う見方をすることもできます。通常は，直近数年の利益が少ないあるいは赤字の場合であっても，それだけで直ちに倒産するということはありません。しかし，どれほど利益をあげていても資金繰りがショートすれば倒産することになります。いわゆる黒字倒産というものです。

そうすると，短期的には財務内容の安全性（特に資金流動性）の方が重要であるといえ，貸借対照表を重視する必要があると考えられます。

(3)　短期的支払能力は貸借対照表で，長期的支払能力は損益計算書でみる

つまり，企業を長期的視点でみるか短期的視点でみるかということにより，判断するポイントが異なってくるのです。結論的に，金融機関にとっての信用調査が企業の支払（返済）能力を判定することにあるとすれば，次のように考えることができるでしょう。

①　現在及び近い将来の支払（返済）能力は財務安全性によるため，主として貸借対照表により財政状態を検討する

②　長期的な支払（返済）能力は収益力がその源泉となるため，損益計算書を中心に経営状態を検討する

長期継続的な与信を前提とする金融機関にとっては企業の収益力が最も重要です。しかし，財務の状況や当面の資金繰りについても注視していかなければ，取引先が突然倒産したり手形が不渡りとなったりする可能性も十分にありえます。

根本的な結論をいえば，余剰資金が十分にある企業が倒産することはありえません。極端な例を挙げれば，何らの企業活動を行わなくても数十年先までの余裕資金が確保されている企業については返済能力や倒産

の危機を心配する必要は皆無です。

しかし，当然ですがそのような企業は資金繰りに窮しているわけでもなく，当然に金融機関からの借入れを必要としていません。このため，金融機関にとって取引先となることはまずありません。金融機関が信用調査を行うのは，融資や手形取引を行う際がほとんどです。すなわち，金融機関の援助を必要としている企業については，収益力はもちろんのこと，財政状態や安全性，資金繰りといった面を十分に検討しなければ正確な判断をすることができません。

貸借対照表と損益計算書については，以上のことを念頭において，どのようにみていくべきかを整理しておきましょう。

6　貸借対照表の見方（その1）財政状態をみるポイント

Point

貸借対照表は企業の財政状態を表しています。すなわち，企業の資産・負債・純資産の状況から財務の体力を測ることが可能となります。

貸借対照表（B/S，バランスシート）がどのような形（状況）となっているか，その体型を大きくとらえることを習慣づけましょう。大きくは流動比率，自己資本比率が重要です。実態面からは借入金が月商や総資産に対して多すぎないかなどをみるようにしましょう。

貸借対照表は，企業が営業活動を行うための資産の運用（借方＝資産）と，その資金をどのように調達（貸方＝負債・純資産）しているかをまとめて，企業の財政状態を示すものです。

(1)　財政状態の良否をみる基準

企業の財政状態が良いか悪いか，ということを判断する基準には次のようなものがあります。

①　基礎的・構造的安全性をみる

→　自己資本比率，固定長期適合率

②　当面の安全性と支払能力をみる

→　流動比率，当座比率，経常収支比率

③　正味の運転資本（資金）の水準をみる

→　流動資産と流動負債の差額，流動比率

④　長期的な返済能力をみる

→　借入金償還期間，売上高対借入金比率

⑤　資金の体質をみる

→　売上債権，買入債務，収支のズレ，回転期間分析など

⑥　資産内容と質をみる

→　1. 資産内容の健全性, 回収可能性（不良在庫や不良債権をチェック）

2. 異常な数値，多額な数値の動き

3. 借入金残高の水準（月商比借入金残高，売上高金融費用比率）

4. 実資力の把握（含み益や含み損）

なお，指標（分析比率）の算式などについては第２章を参照してください。

⑵　貸借対照表は多面的検討が必要

収益性（経常成績）に関しては，総資本利益率とその分解過程で体系的分析と判断ができるのに対して，財政状態の判断には多面的な検討が欠かせません。

それは，収益性が収益の額を売上や総資本などとの比率で良し悪しを判断できるのに対し，財政状態は，業種や当該企業の財政運用，取引相手との支払や回収条件などによってそれぞれ異なる財務状態にあるためです。

そこで，企業の調達と運用のバランスをみるために，図表１－10のように貸借対照表の体型について見ることを習慣づけます。すなわち，貸借対照表の第一印象をみる訓練です。

⑶　自己資本の充実度をみることが最重要

財政状態を見る上では，何といっても自己資本の充実度が問題となります。不況による大口不良債権の発生など，会社が直面する危険に対す

図表１－10　企業の調達と運用バランスで安全度をみる方法

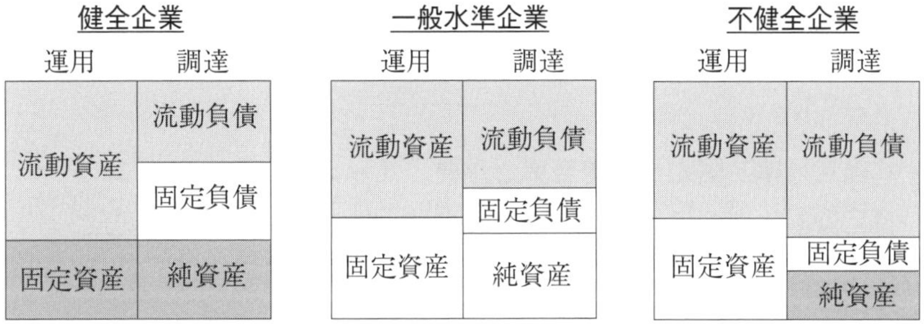

健全企業

運用	調達
流動資産	流動負債
	固定負債
固定資産	純資産

コメント
①流動資産が多く流動負債が少ない
②流動資産が流動負債の２倍以上ある
③固定資産と自己資本が見合っている

一般水準企業

運用	調達
流動資産	流動負債
	固定負債
固定資産	純資産

コメント
①流動資産が流動負債を若干上回っている
②固定資産を固定負債と自己資本で調達している

不健全企業

運用	調達
流動資産	流動負債
固定資産	固定負債
	純資産

コメント
①流動資産が流動負債より少ない
②固定資産を一部流動負債で調達している
③自己資本が小さい

る抵抗力は自己資本の充実にあります。そこで，安全性をみる場合の最重要指標が自己資本比率です。

$$自己資本比率（\%）=\frac{純資産}{総資本（総資産）}\times 100$$

自己資本比率については業種により大きく異なりますが，一般的には多額な設備投資を要する製造業の場合は比率が高くなければバランスを保つことができません。一方で，売上規模が大きくなる商社や卸売業では，企業間信用（買掛金や支払手形）による資金調達にウェイトをおいている場合が多く，この比率は低くなる傾向が多いでしょう。

業種により差異があるため，単純に自己資本比率の数値だけを基に判断することには問題がありますが，中小企業の場合における一応の目安はおおよそ以下のとおりです。

①　自己資本比率40％以上　　非常に良好（優，まず問題なし）

② 自己資本比率30％以上　　良好（良，ほぼ問題なし）
③ 自己資本比率20％以上　　普通（可，最低限保っておきたい水準）
④ 自己資本比率20％未満　　危険（不可，他人資本が80％超は問題あり）

(4) 固定比率と固定長期適合率も重要

自己資本比率のほかに，財務内容の健全性や長期構造的な安全性をみる指標として，固定比率と固定長期適合率があります。これらは，固定資産が自己資本または長期安定資金で賄われているかどうかという面を判断する指標です。

$$固定比率（\%）= \frac{固定資産}{自己資本（純資産）} \times 100$$

$$長期固定適合率（\%）= \frac{固定資産}{自己資本＋固定負債} \times 100$$

固定資産に投下された資金は回収に長期間を要することから，これらは自己資本の範囲内で賄われることが理想です。したがって，固定比率は100％以下が望ましいこととなります。

しかし，その数値を超えて借入金などに資金調達を依存した場合であっても，それによって企業の成長や収益拡大のチャンスに恵まれるのであれば設備投資に踏み切る，という積極性も経営にとっては必要なことです。この場合の許容限度は固定長期適合率100％以下ということになります。

なお，少し難しい話ですが，この場合には自己資本と固定負債の割合や固定負債が内部留保資金と償却資金を合わせたキャッシュ・フローによって無理なく返済できるか，などの点もあわせて検討することになりますが，こうした点についての検討も重要なポイントです。

7　貸借対照表の見方（その２）短期支払能力（安全性）をみるポイント

Point

流動比率が良好な場合であっても倒産するケースがあります。よって，動態的流動性としての経常収支比率を見ることが重要です。また，回転期間分析や収支ズレの把握により資金繰りを実態的にとらえることができます。

●流動比率などで短期的な支払能力をみる

短期支払能力をみる場合のポイントとしては次のようなものがあります。

①　流動比率，当座比率，手元流動性など

→　一時点における短期の支払義務（流動負債）に対してどの程度の支払手段（流動資産）を保有するか

②　経常収支比率

→　一定期間における収入と支出の総額を対応させて資金不足となっていないかどうか

③　回転期間分析

→　資金体質の前提となる収支ズレの検討

④　正味運転資本

→　会社が自由に使える運転資本（資金）はどの程度あるか

上記に加え，対金融機関調達余力などをみることとなりますが，これは財務分析とは若干異なる問題です。

(1)　流動比率は 200% を目標数値としてみる

企業の短期支払能力をみる代表的な経営指標として，流動比率が広く一般的なものと理解されています。

$$流動比率（\%） = \frac{流動資産}{流動負債} \times 100$$

流動比率は一般的に 200% 以上あることが理想とされています。すなわち，支払義務に対して 2 倍以上の支払手段をもつことを理想としていることとなります。

200% の根拠については次のようなものがあります。

① 支払義務に対して 2 倍の支払手段があれば安心できること。

② 支払手段の中には固定預金や売却できない有価証券などがあること。

③ 棚卸資産はそのままでは（売却しなければ）支払手段とならないこと。

④ 棚卸資産は売れても現金化する速度が遅いこと。

すなわち，現金及び流動性預金や期日の確定している受取手形以外は支払義務に対する確実性は低いといえるため，200%以上という比率を一定の目標としています。最低でも 150% 程度の水準は維持したいところです。

(2)　流動資産の中身が問題

ところで，流動負債についての支払義務は原則としては待ったなしです。よって，問題となるのは支払に充当される流動資産の中身，特に現預金以外の項目である棚卸資産と売掛債権です。通常，流動比率を算定するにあたっては，健全な資産も不良債権のような不健全資産も不稼働資産も全て一緒にして比率を計算します。このあたりの不備を補うのが「経常収支比率」（第 4 章 2 参照）です。

⑶　資金繰りは回転期間分析でみる

企業は資金繰りが命といっても過言ではありません。そこで，回収のスピードが支払のスピードとどう対応しているか，すなわち資金繰りの体質をみるのが回転期間分析です。

回転期間とは，企業がその営業活動において，経営資源である資産・負債・資本（純資産）をどれだけ効率的に活用しているかを客観的に示す指標です。これは効率性分析手法の１つであり，回転期間分析は財務戦略に欠かすことはできません。

⑷　正味運転資本の見方

貸借対照表を財務構造の面から見てみると，その企業がどの程度の正味運転資本を保有していて，それは月商など売上の規模や流動負債とどのような割合となっているかということが基礎的な短期支払能力を決定します。

正味運転資本　＝　流動資産　－　流動負債
　　　　　　　＝　自己資本　＋　固定負債　－　固定資産　－　繰延資産

これはすなわち，自己資本及び長期借入等で調達した資本が，固定資産などへの資本投下額を上回って運転資本に回っていることを意味しており，その関係は図表１－11のようになります。

正味運転資本の規模はどの程度が望ましいのでしょうか。例えば，流動負債と同額なら流動比率が200％となります。いずれにしても流動負債に対する割合分だけ流動比率100％に上乗せされることになるので，流動比率150％を満たすには流動負債の50％くらいは必要といえます。

資金運用との関係でとらえると，現預金のうちの固定預金，回収スピードの遅い棚卸資産の額だけ賄えれば資金繰りは余裕があるといえるでしょう。

図表1－11　正味運転資本の考え方

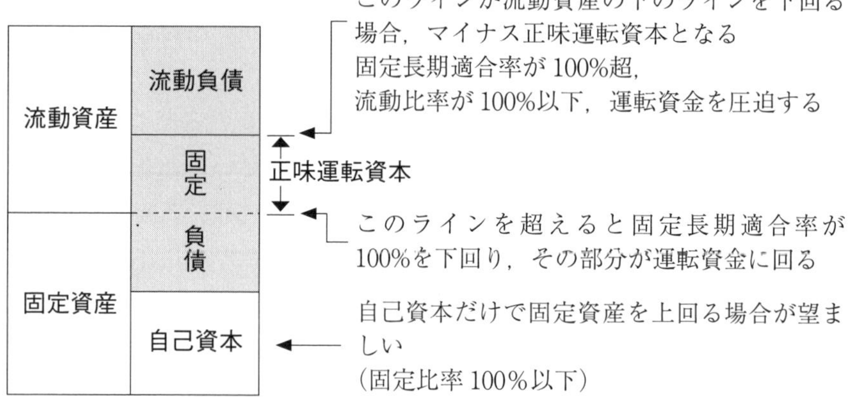

図表１－12　主な経営指標

		業種	Ｘ１年度	Ｘ２年度	Ｘ３年度	Ｘ４年度	Ｘ５年度
自己資本比率 $\frac{自己資本}{総資本}\times 100$	自己資本の充実度合から資金調達の安定度をみる。 企業の不況抵抗力，健全性をみる。 30%が基準ライン。	建設業	34.6	36.5	38.6	40.3	41.7
		製造業	38.6	38.2	37.8	39.8	39.9
		卸売業	32.6	32.3	32.9	34.4	33.9
		小売業	47.7	49.1	48.5	48.8	47.2
固定比率 $\frac{固定資産}{自己資本}\times 100$	回収期間の長い固定資産はどの程度自己資本で賄われているか。100%以下が理想。	建設業	114.7	109.2	105.8	105.2	95.2
		製造業	148.2	148.2	154.7	150.1	133.8
		卸売業	129.5	129.0	127.0	129.8	122.3
		小売業	127.7	131.5	130.2	128.5	128.8
固定長期適合率 $\frac{固定資産}{自己資本+固定負債}\times 100$	固定資産への投資は，自己資本と長期借入で賄うのが一応の限度。100%以下が絶対条件。	建設業	63.1	61.4	61.1	60.4	56.2
		製造業	77.4	75.2	76.2	74.5	70.7
		卸売業	72.6	69.6	69.2	69.8	68.8
		小売業	71.1	72.6	75.9	77.0	73.6
当座比率 $\frac{当座資産}{流動負債}\times 100$	流動資産のうち回収期間の長い棚卸資産を除いた当座資産で，流動負債をどの程度カバーしているか。100%が理想。	建設業	112.8	116.8	118.6	121.4	116.1
		製造業	131.5	133.2	131.4	135.7	121.1
		卸売業	112.3	112.7	114.0	114.9	114.8
		小売業	110.3	118.0	115.4	109.1	92.9
流動比率 $\frac{流動資産}{流動負債}\times 100$	短期の支払能力をみる。流動資産の中に不良資産や実質的に１年基準を超えるものはないか。今や150%が合格ライン。	建設業	157.0	164.3	167.3	171.9	169.5
		製造業	172.9	176.0	173.1	178.9	163.6
		卸売業	148.0	150.0	150.9	151.1	149.8
		小売業	189.8	198.5	196.0	188.1	162.4

図表１－13　バランスシートを概観する

B／S構成比

資産の部		負債・資本の部	
流動資産 1,350	67.5%	流動負債 1,200	60%
		固定負債 500	25%
固定及び繰延資産 650	32.5%		
		自己資本 300	15%
資産合計	2,000	負債・資本合計	2,000

（固定負債・自己資本）正味運転資本
300＋500－650
＝150

a.手許流動性(250)
b.収支ズレ(440)
｝をカバーしたい

流動比率 $\frac{1,350}{1,200}\times 100 = \underline{113\%}$

若干低い。
150%くらいほしい。

当座比率 $\frac{1,050}{1,200}\times 100 = \underline{88\%}$

100%はほしい

この調達は

① 固定比率 $= \frac{630}{300}\times 100 = \underline{210\%}$

100%を超えているが

② 固定長期適合率 $= \frac{630}{300+500}\times 100 = \underline{79\%}$

合格水準

③ 長期の返済能力は大丈夫か

償還能力の何年分か（52頁のP/Lと併せてみる）

（経常利益＋減価償却費・諸引当金積増）

－（法人税等充当額・配当）＝償還能力

（36＋30）－ ｛36×0.4｝ ＝ 52

$\frac{450}{52} = 8.65$

相当長い

原因は何か→収支ズレ

とくに在庫過大

借方			年 月 日 金額（%）
流動資産	当座資産	現金・預金	250
		受取手形	400
		売掛金	240
		（受取債権）	(640)
		貸付金	30
		有価証券	50
		前払費用	
		前渡金	
		未収入金	50
		立替金	10
		預け金	
		仮払金	35
		貸倒引当金	△15
		小計	1,050
	棚卸資産	商品	300
		小計	300
	計		1,350
固定資産	有形固定資産	建物及び建築物	100
		機械装置	40
		車輌・運搬具	20
		器具・備品	50
		土地	250
		建設仮勘定	50
		小計	510
	無形固定資産	営業権	20
		借地権	10
		その他	50
		小計	80
	投資	投資有価証券	
		関係会社株式	20
		出資金	
		長期貸付金	20
		小計	40
	計		630
繰延資産			20
合計			2,000

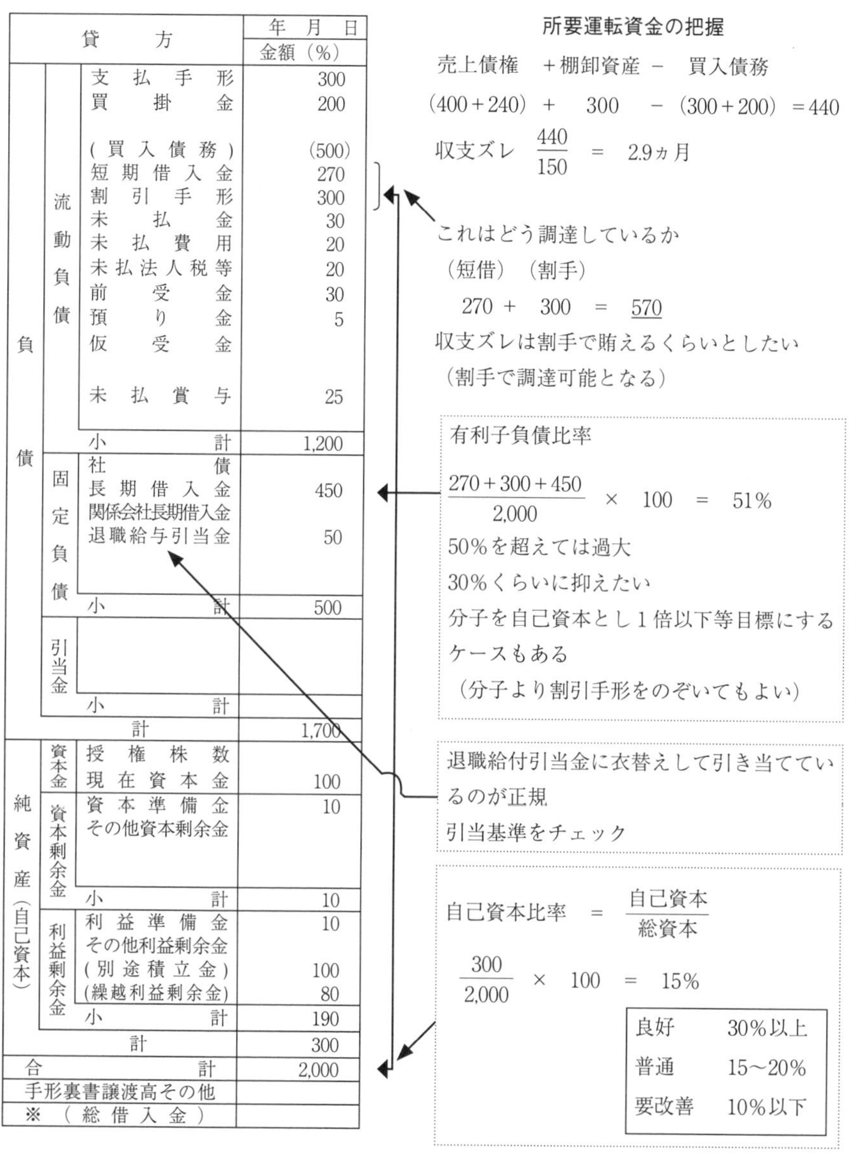

貸　方			年　月　日 金額（%）
負債	流動負債	支払手形	300
		買掛金	200
		(買入債務)	(500)
		短期借入金	270
		割引手形	300
		未払金	30
		未払費用	20
		未払法人税等	20
		前受金	30
		預り金	5
		仮受金	
		未払賞与	25
		小計	1,200
	固定負債	社債	
		長期借入金	450
		関係会社長期借入金	
		退職給与引当金	50
		小計	500
	引当金		
		小計	
	計		1,700
純資産（自己資本）	資本金	授権株数	
		現在資本金	100
	資本剰余金	資本準備金	10
		その他資本剰余金	
		小計	10
	利益剰余金	利益準備金	10
		その他利益剰余金	
		(別途積立金)	100
		(繰越利益剰余金)	80
		小計	190
	計		300
合計			2,000
手形裏書譲渡高その他			
※（総借入金）			

図表1－14　バランスシートの科目をみる

手持商手は1ヵ月くらいあった方がよい
$\frac{400〜300}{月商150}$ ＝ 20日分

売上の何ヵ月分か？
業種別データと比較する，受取手形を含めて計算する
$\frac{400+240}{150}$ ＝ 4.3ヵ月

有価証券の評価方法のチェック
→ 時価評価していなければ現在の時価はいくらか？

① 社長に対するものはないか？
② 資産性のないものはないか？

業種別法定繰入率（中小法人の場合）
卸小売業… $\frac{10}{1,000}$
製造業…… $\frac{8}{1,000}$
資本金1億円以下はこの法定繰入率適用が一般的
売上債権＋貸付金
$\frac{15}{670}$ ＝ 2.3%　←十分のようである

売上の何ヵ月分か？
普通の業種は一ヵ月以上保有の必要はない
それも売上原価でみるのが適切
300／1,350÷12 ＝ 2.7ヵ月
①売れない在庫か
②架空在庫か
③期末の特殊要因や季節要因ならよいが

含み資産を検討する
土地，借地権，投資，有価証券，ゴルフ会員権 etc.

最終的にいくらになるのか？その調達は？

回収の可能性は？

会社法上の繰延資産は即時償却可，残高0がシビアな決算

借方			年　月　日 金額（%）
流動資産	当座資産	現金・預金	250
		受取手形	400
		売掛金	240
		（受取債権）	（640）
		貸付金	30
		有価証券	50
		前払費用	
		前渡金	
		未収入金	50
		立替金	10
		預け金	
		仮払金	35
		貸倒引当金	△15
		小計	1,050
	棚卸資産	商品	300
		小計	300
	計		1,350
固定資産	有形固定資産	建物及び建築物	100
		機械装置	40
		車輌・運搬具	20
		器具・備品	50
		土地	250
		建設仮勘定	50
		小計	510
	無形固定資産	営業権	20
		借地権	10
		その他	50
		小計	80
	投資	投資有価証券	
		関係会社株式	20
		出資金	
		長期貸付金	20
		小計	40
	計		630
繰延資産			20
合計			2,000

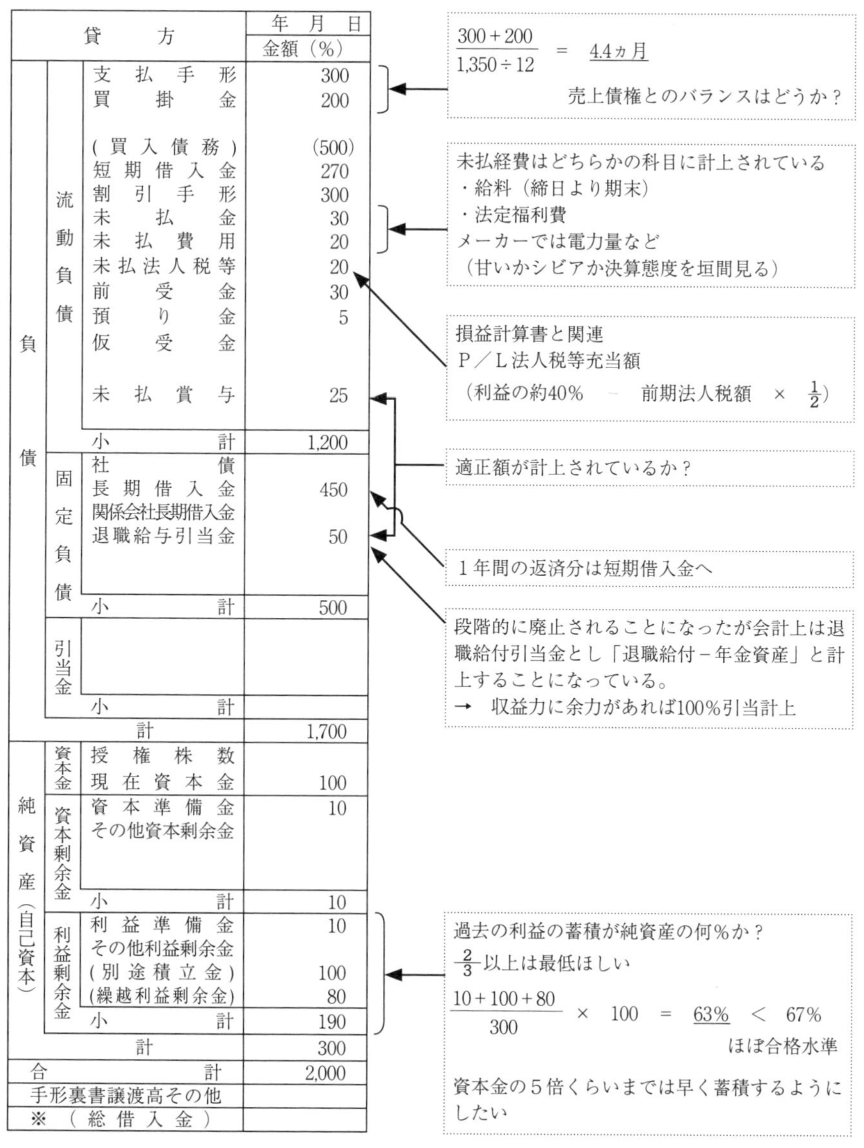

貸方			年　月　日 金額（%）
負債	流動負債	支払手形	300
		買掛金	200
		（買入債務）	(500)
		短期借入金	270
		割引手形	300
		未払金	30
		未払費用	20
		未払法人税等	20
		前受金	30
		預り金	5
		仮受金	
		未払賞与	25
		小計	1,200
	固定負債	社債	
		長期借入金	450
		関係会社長期借入金	
		退職給与引当金	50
		小計	500
	引当金		
		小計	
	計		1,700
純資産（自己資本）	資本金	授権株数	
		現在資本金	100
	資本剰余金	資本準備金	10
		その他資本剰余金	
		小計	10
	利益剰余金	利益準備金	10
		その他利益剰余金	
		（別途積立金）	100
		（繰越利益剰余金）	80
		小計	190
	計		300
合計			2,000
手形裏書譲渡高その他			
※（総借入金）			

$\frac{300+200}{1,350 \div 12}$ ＝ 4.4ヵ月

売上債権とのバランスはどうか？

未払経費はどちらかの科目に計上されている
・給料（締日より期末）
・法定福利費
メーカーでは電力量など
（甘いかシビアか決算態度を垣間見る）

損益計算書と関連
P／L法人税等充当額
（利益の約40％　－　前期法人税額　×　$\frac{1}{2}$）

適正額が計上されているか？

１年間の返済分は短期借入金へ

段階的に廃止されることになったが会計上は退職給付引当金とし「退職給付－年金資産」と計上することになっている。
→　収益力に余力があれば100％引当計上

過去の利益の蓄積が純資産の何％か？
$\frac{2}{3}$以上は最低ほしい
$\frac{10+100+80}{300} \times 100 = $ 63％　＜　67％
ほぼ合格水準

資本金の５倍くらいまでは早く蓄積するようにしたい

8　損益計算書の見方

Point

収益水準については，売上高経常利益率でまずは判断します。これに業種や経済状況など合わせて考慮します。

損益分岐点による収益の余裕度や安定度についても重要です。収益水準や変化を分析する場合は，総資本利益率の分解手法をマスターしましょう。

●損益計算書は企業の収益性を検討するもの

損益計算書は，企業が商品・製品の販売や役務の提供により獲得した収益と，そのために費やされた費用とを対比して，経営活動の成果を示し企業の経営成績を明らかにするものです。

簡単にいえば，企業の利益状況，すなわち収益性を示すものです。したがって，損益計算書で検討するのは企業の収益性ということになります。

(1)　損益計算書の見方

損益計算書において企業の収益性を見るポイントは以下のとおりです。

①　企業の収益性を検討する総合指標として総資本経常利益率を見る。

$$総資本経常利益率（\%）=\frac{経常利益}{総資本}\times 100$$

② 収益体質あるいは利益の安定度・余裕度をみるために，損益分岐点分析で判断する。

$$\text{損益分岐点} = \frac{\text{固定費}}{1-\underset{(\text{変動費率})}{\dfrac{\text{変動費}}{\text{売上高}}}}$$

中小零細企業をみる場合は，総資本経常利益率の構成要素の１つである売上高経常利益率をみる程度で十分です。

$$\text{総資本経常利益率(\%)} = \overset{\text{≪売上高経常利益率≫}}{\frac{(\text{経常利益} \times 100)}{\text{売上高}}} \times \overset{\text{≪総資本回転率≫}}{\frac{(\text{売上高})}{\text{総資本}}}$$

製造加工業の場合では，１人あたりの付加価値で判断することが望ましいでしょう。１人あたりの付加価値は，１人あたり加工高や稼ぎ高を意味するため，これにより利益が決まります。一般的には，１人あたり人件費の３倍ぐらい稼げば十分利益が出ると考えられます。

(2) 売上高経常利益率の水準

売上高経常利益率は一般に5%が基本的な水準とされており，これを上回っていれば合格水準と考えてよいでしょう。

業種や規模にもよりますが，おおむね売上高経常利益率が3%以下の場合には収益性に問題があり，7%以上なら高収益企業といえます。この水準判断はやや大胆ですが，ある程度割切ったうえで個別事情を加味するぐらいが丁度よいでしょう。

また，上記の水準には景気など経済事情を加味していませんし，個別の業種では需給バランスが崩れている時期などもあるため，ピークとボトムでは50% ぐらいの上下はあるとみておきましょう。常に業界全体の指標の変化等を参考に調整するようにします。

(3) 総資本経常利益率の目安

上記の算式で見たように，売上高経常利益率に総資本回転率を乗じると総資本経常利益率が計算されます。

この総資本の回転率は業種によって異なりますが，年1回から1.5回程度が平均です。つまり，総資本1に対して売上は1～1.5という企業が多いということです。そうすると，売上高経常利益率の合格水準を5％とすれば，総資本経常利益率のメドは5％～7.5％（5％×1回転または1.5回転）であり8％程度が目標値ということになります。

やや感覚的なとらえ方ですが，この比率は，自己資本であれ他人資本であれ企業に投下された総資本の稼ぎを示すものですから，一応の理屈としては，せめて市場金利程度は上回っていなければ意味がない，すなわち企業経営するよりも金融資産に投資した方がよいということにもなります。

調達資本の中身は以下のように構成されています。

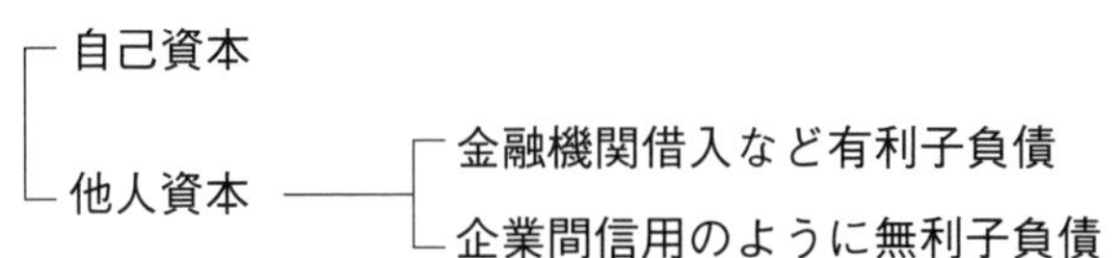

この中には以下のような矛盾点も存在します。

① 総資本の中には金利コストのかかっていないものがある
② 経常利益からはすでに有利子負債の利子は支払われている
③ 自己資本の厚い財務力の高い企業とそうでない企業を一律に比較するのは難しい
④ 割引手形について，脚注表示する会社と貸借対照表に両建表示している会社とがある
⑤ 中小企業では，工場など含み損益の多い土地などが個人所有のため総資本に反映されていない場合がある

以上のように，様々な要因を加味すると比率分析の限界が理解できると思います。また，これらの特性や特質を知ったうえで比率分析を行わなければ判断を誤ることになります。経営資本営業利益率（＝営業利益÷経営資本）や，自己資本利益率（＝当期利益÷自己資本，ROE）といった分析によりこれらを補完することも理論的には可能ですが，本書では割愛します。

⑷　総資本経常利益率を分解する

総資本経常利益率は，前述したとおり，売上高経常利益率と総資本回転率に分解されます。すなわち，売上高経常利益率に総資本回転率を掛け合わせたものだということになります。

売上高経常利益率が５％と仮定すれば，100円のモノを売れば最終的に諸経費を差引いて５円儲かる，つまり５％の利幅だということを意味しています。

一方，総資本回転率は，企業に投下された総資本が年に何回転したかという資本の運用効率を意味します。

総資本経常利益率が水準以下である場合は，それが売上高経常利益率に問題があるのか，あるいは総資本回転率にあるのかを分析してみる必要があります。

売上高経常利益率に問題があれば，次に損益計算書の各区分ごとに，売上総利益，営業利益，経常利益のどこに低収益の原因があるのかを分析してみます。

すなわち，見方を変えれば以下のような問題について分析･検討します。

①　販売価格か，売上原価か

②　販売費か，一般管理費か

③　営業外収支すなわち財務力の問題なのか

これにより収益力に関する企業の長所と短所を把握することができます。例えば総資本回転率が劣っている場合には，不稼働資産が多いとか売掛債権や棚卸資産が過大投資になっていないかなどチェックします。

以上の点を表にまとめると図表1－15のようになります。

図表1－15　総資本経常利益率と他の比率の関係

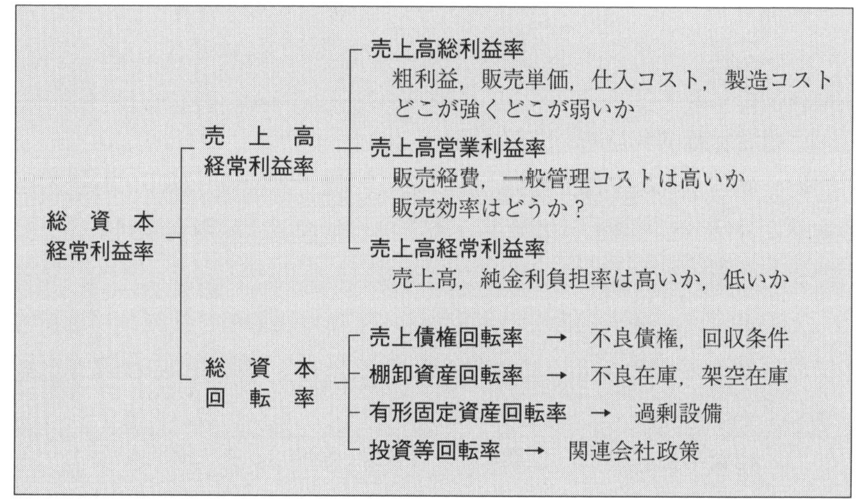

(5)　実質利益の把握

話が前後しますが，企業の収益性の分析にあたっては，まず分析の対象となる利益（決算上の利益）について，それが実質的なものかどうかを検討する必要があります。

公表利益や決算上の利益は企業収益の実態を表していないケースが多く見られます。これは悪意の粉飾というようなものとは限らず，決算の平準化を目的とした堅実主義からのものもあり，また，臨時損益の影響もあります。具体的には以下のようなケースです。

① 臨時巨額な損益の発生
② 利益平準化のための決算操作
③ 粉飾操作
④ 引当金・準備金・減価償却の状況

⑤　会計処理が２以上ある場合の選択の問題

⑥　不良資産の償却の態度

こうした要因を修正した実質的な利益を正確に把握したうえで収益分析をしなければ正しい分析を行うことはできません。すなわち，書類上の利益から実質利益への修正です。

また，稼得された利益が，どのような要因からもたらされたかや，現利益が今後とも安定的に確保されるものか，という視点から捉えることも重要であり，これを利益増減要因分析や損益分岐点分析といった分析手法を用いることにより把握することとなります。

図表１－16　損益計算書を概観する

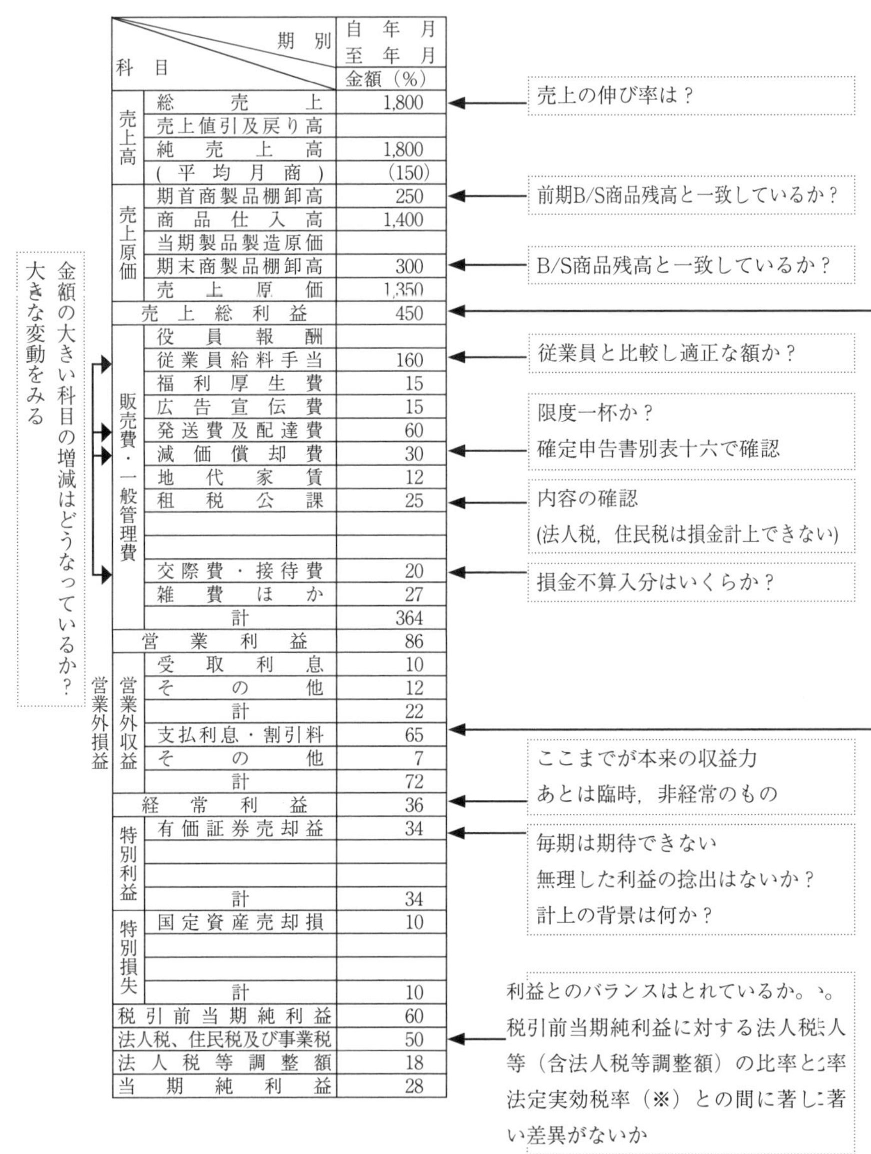

科目		期別 自 年 月 至 年 月 金額（%）
売上高	総売上	1,800
	売上値引及戻り高	
	純売上高	1,800
	（平均月商）	(150)
売上原価	期首商製品棚卸高	250
	商品仕入高	1,400
	当期製品製造原価	
	期末商製品棚卸高	300
	売上原価	1,350
売上総利益		450
販売費・一般管理費	役員報酬	
	従業員給料手当	160
	福利厚生費	15
	広告宣伝費	15
	発送費及配達費	60
	減価償却費	30
	地代家賃	12
	租税公課	25
	交際費・接待費	20
	雑費ほか	27
	計	364
営業利益		86
営業外損益 営業外収益	受取利息	10
	その他	12
	計	22
	支払利息・割引料	65
	その他	7
	計	72
経常利益		36
特別利益	有価証券売却益	34
	計	34
特別損失	国定資産売却損	10
	計	10
税引前当期純利益		60
法人税、住民税及び事業税		50
法人税等調整額		18
当期純利益		28

総資本経常利益率の分解

$$\text{総資本経常利益率} = \underset{\text{売上高経常利益率}}{\frac{36}{1,800}} \times 100 \times \underset{\text{総資本回転率}}{\frac{1,800}{2,000}} = \frac{36}{2,000} \times 100 = 1.8\%$$

売上高経常利益率 $\frac{36}{1,800}$
↓
2%
↓
3%以下
低マージン
5%以上合格

総資本回転率 $\frac{1,800}{2,000}$
↓
0.9回
↓
1～1.5回はほしい

利益の源泉はここにある。
利益率は同業と比べて高いか低いか？
その原因はどこにあるか？
商品製品の競争力，サービスの質，価格交渉力，支払条件，販売力

平均借入レート

$$\frac{65}{270+300+450} \times 100 = 6.4\%$$

短期借入金，割引手形，長期借入金の合計額を分母とする。金利水準と比較

〈インタレストカバレッジ〉

$$\frac{\text{営業利益}+\text{受取利息配当金}}{\text{支払利息・割引料}}$$

$$\frac{86+10}{65} = 1.48$$

１以下では危険信号

売上高金融費用比率

① $\frac{65}{1,800} \times 100 = 3.6\%$

② $\frac{65-10}{1,800} \times 100 = 3.1\%$ （純金利負担）

３％が限度

（中小企業経営指標は）

業種	比率
製造業	1.8％
卸売業	1.0％
建設業	1.1％

※　実効税率＝ $\dfrac{\text{法人税率}\times(1+\text{地方法人税率}+\text{住民税率})+\text{事業税率}+\text{地方法人特別税率}}{1+\text{事業税率}+\text{地方法人特別税率}}$

9　株主資本等変動計算書の見方

Point

安定的な企業経営を行う上では内部留保のウェイトが高い方が望ましいことは言うまでもなく，財務健全性を保つためには当期純利益の50%以上は内部留保に回したいところです。

株主資本等変動計算書により，経営姿勢を窺うことができます。

企業が獲得した利益は，一部を株主に配当金として支払い，残りを内部留保として蓄積して自己資本（純資産）の充実を図ります。一般的には，自己資本比率が30%を超えるまでは内部留保充実に努めること必要で，これが強い財務体質の企業を作ります。

(1)　配当性向は50%以下に

会社法では，株式会社が株主に対して行う配当を「剰余金の配当」と呼んでいます。剰余金の配当は利益処分案の承認をもって行うという手続きではなく，株主総会において剰余金の配当に関する議案の承認を経て，その承認に基づいて行うという手続きとなります。なお，一定の要件を満たした株式会社は，剰余金の配当その他の一定事項の決定を取締役会が行うことができる旨を定款に定めることができ，その場合は取締役会の承認を経て，一事業年度において一回に限り剰余金の配当を行うことができます。

剰余金の配当原資は，剰余金の額から自己株式の帳簿価額と期中に自己株式を処分した場合の処分価額その他法務省令で定める各勘定科目に計上した額の合計額を差し引いて算定します。

剰余金の額は次の①から④までの合計額から，⑤⑥⑦までの合計額を減じて求めた額です。

①　直近の決算日の剰余金
②　期中における自己株式処分損益
③　減資に伴う剰余金増加額（準備金とした額を除く）
④　準備金の減少に伴う剰余金の増加額（資本金とした額を除く）
⑤　期中の自己株式消却に伴い消却原資に充てられた剰余金の減少額
⑥　期中の剰余金の配当による剰余金の減少額
⑦　そのほか法務省令で定める各勘定科目に計上した合計額

このように，剰余金の額は，期末日の剰余金の額に期中の剰余金の変動を反映させて求めます。会社法では，剰余金の配当は決算の確定手続とは基本的に切り離されており，期中の剰余金の変動を随時反映させたうえで，剰余金の配当または自己株式の取得は，分配可能額の範囲内で株主総会の決議により期中いつでもできる仕組みになっています。剰余金の額も，期末日の額ではなく分配時の額をとらえることとなります。

株主資本等変動計算書は，その事業年度中の純資産の部の計数の増減を独立した計算書類として表すものです。

純資産の部の表示区分と同一の表示区分として，それらの表示区分ごとの前期末残高，当期変動額及び当期末残高を表示します。純資産の部の各項目は期中に随時変動が生じうることから，この計算書類によって，前期の貸借対照表の純資産の部の各項目の残高と当期の貸借対照表の純資産の部の各項目の残高の連続性が確保されます。

配当など社外流出を手厚くするか，それとも内部留保の積増しに重点をおくかは，その配分割合を示す配当性向によって判断します。

$$\text{配当性向（\%）} = \frac{\text{配当金}}{\text{当期純利益}} \times 100$$

安定的な経営の観点からみれば，配当性向は50% 以下に抑えたいと

図表１－17　株主資本等変動計算書

	株主資本										評価・換算差額等（※２）			新株予約権	純資産合計（※３）
	資本金	資本剰余金			利益剰余金				自己株式	株主資本合計	その他有価証券評価差額金	繰延ヘッジ損益	評価・換算差額等合計（※３）		
		資本準備金	その他資本剰余金	資本剰余金合計（※３）	利益準備金	その他利益剰余金（※１）		利益剰余金合計（※３）							
						××積立金	繰越利益剰余金								
前期末残高	×××	×××	×××	×××	×××	×××	×××	×××	△×××	×××	×××	×××	×××	×××	×××
当期変動額（※４）															
新株の発行	×××	×××		×××						×××					×××
剰余金の配当					×××		△×××	△×××		△×××					△×××
当期純利益							×××	×××		×××					×××
自己株式の処分									×××	×××					×××
×××××															
株主資本以外の項目の当期変動額（純額）											（※５）×××	（※５）×××	×××	（※５）×××	×××
当期変動額合計	×××	×××	—	×××	×××	—	×××	×××	×××	×××	×××	×××	×××	×××	×××
当期末残高	×××	×××	×××	×××	×××	×××	×××	×××	△×××	×××	×××	×××	×××	×××	×××

（※１）その他利益剰余金については，その内訳科目の前期末残高，当期変動額及び当期末残高の各金額を注記により開示することができる。この場合，その他利益剰余金の前期末残高，当期変動額及び当期末残高の各合計額を個別株主資本等変動計算書に記載する。

（※２）評価・換算差額等については，その内訳科目の前期末残高，当期変動額及び当期末残高の各金額を注記により開示することができる。この場合，評価・換算差額等の前期末残高，当期変動額及び当期末残高の各合計額を個別株主資本等変動計算書に記載する。

（※３）各合計欄の記載は省略することができる。

（※４）株主資本の各項目の変動事由及びその金額の記載は，概ね個別貸借対照表における表示の順序による。

（※５）株主資本以外の各項目は，当期変動額を純額で記載することに代えて，変動事由ごとにその金額を個別株主資本等変動計算書又は注記により表示することができる。また変動事由ごとにその金額を個別株主資本等変動計算書に記載する場合には，概ね株主資本の各項目に関係する変動事由の次に記載する。

ころです。

⑵　内部留保の充実

すでに説明したとおり，自己資本比率が少なくとも30％くらいを超えるまでは内部留保の充実に努めることが正しい経営判断と考えられます。

ただし，近年はいわゆる「もの言う株主」が増えており，その要求も強いことから，バランスのとれた配当政策がとれているかを内部留保率なども算定して検討してみます。

$$\text{内部留保率（\%）} = \frac{\text{当期純利益} - \text{配当}}{\text{当期純利益}} \times 100$$

いずれにしても，剰余金の処分内容から経営姿勢を窺うことができますので，このあたりを読み取れるようにしておくことも必要です。

10　製造原価明細書の見方

Point

製造業の場合は，製造原価明細書と損益計算書のつながりを理解できれば決算書の理解はある水準まで達したといえます。

貸借対照表の期末棚卸高との関連も正確に理解するようにしましょう。また，製造原価の中身や原価要素から企業の強みや弱みを分析できるようになれば十分です。

損益計算において，売上に対応する売上原価の計算は，損益計算を行うにあたっての重要ポイントであり，また，損益計算のスタート点です。

商業の場合と製造業の場合では売上原価の算出過程や方法，用語が異なる面がありますので，まずは基本を理解しましょう。

〈商業の場合〉

期首商品棚卸高	×××	
当期商品仕入高	×××	
合　　計	×××	
期末商品棚卸高	×××	
売 上 原 価		×××

〈製造業の場合〉

期首製品棚卸高	×××	
当期製品製造原価	×××	
合　　計	×××	
期末製品棚卸高	×××	
売 上 原 価		×××

製造業における当期製品製造原価を計算するのが製造原価明細書（製造原価報告書ともいいます）です。

(1)　製造原価明細書の様式

製造原価明細書は，製造原価の計算プロセスを明らかにするもので，次のような手順で作成されます。

（手順１）原価要素別に集計する

図表１－18の様式見本のとおり，生産に投入された原価要素別に，材料費，労務費，製造経費を集計して当期の総製造費用を算出します。

（手順２）期首・期末の仕掛品を加減する

次に，この総製造費用に期首・期末の仕掛品を加減することによって製造原価を算出します。

（手順３）期末棚卸高の確定

損益計算までの過程の３ヵ所で，次の期末棚卸高を確定させます。

当期材料費の計算	材料棚卸高
当期製造原価の計算	仕掛品棚卸高
売上原価の計算	製品棚卸高

製造原価明細書から損益計算書までの一連の流れをまずは理解しましょう。

期末棚卸高は，当然に貸借対照表の原材料・仕掛品・製品勘定の各残高と一致します。また，期首棚卸高は前期における貸借対照表の期末棚卸高と一致することになります。

決算書をみる場合には，まずはこれらの一致確認をしておくことと，相違する場合はその理由について説明を求めるようにしてください。

図表１－18　製造原価明細書

製造原価明細書

自　×年4月1日　至　×年3月31日

Ⅰ　材料費			
1　期首材料棚卸高	×××		
2　当期材料仕入高	×××		
合計	×××		
3　期末材料棚卸高	×××		
当期材料費		×××	
Ⅱ　労務費			
1　賃金	×××		
当期労務費		×××	
Ⅲ　経費			
1　電力料	×××		
2　ガス代・水道料	×××		
3　減価償却費	×××		
4　修繕費	×××		
5　租税公課	×××		
6　保険料	×××		
7　通信費	×××		
8　雑費	×××		
当期経費		×××	
当期総製造費用			××××
期首仕掛品棚卸高			××××
合計			××××
期末仕掛品棚卸高			××××
当期製品製造原価			××××

⑵　棚卸による粉飾

初歩的で単純な粉飾手法として，期末棚卸高を水増しすることによって製造原価などを過少に表示し，結果として利益を過大にみせることがあります。

このような粉飾を発見するためには，まず期末棚卸高の算定方法や帳簿棚卸及び実地棚卸の有無を確認し，棚卸資産の前期比較，棚卸資産の回転率分析及び原価率等の推移を調べて，不自然がないか確かめると効果的です。

⑶　製造原価明細書の分析

製造原価明細書から，製造原価に占める「材料費，労務費，製造経費」などの原価要素別の構成比をとらえ，どのような原価構造となっているか調べます。それにより，今後の製造原価を予測することができ，また，現状の収益あるいは採算の要因や問題点を把握することができます。

11　附属明細書等の見方

Point

決算書といえば一般的には貸借対照表と損益計算書のことをいいます。しかし，それぞれの法規ごとに貸借対照表と損益計算書を補完するための附属資料の作成が義務づけられており，決算書を読むうえでの良い参考資料となります。

ここでは，各法規ごとに作成される附属資料の種類について具体的に示しますので，会社にどのような資料が備置してあるのか程度は分かるようにしておきましょう。

貸借対照表や損益計算書を補完するために作成すべき資料は，会社法，税法，金融商品取引法のそれぞれの関連法規により個別に定められています。

金融商品取引法による資料は，有価証券報告書の作成義務のある上場企業などに限定されますので，すべての会社で作成されるべき資料は会社法と税法に定められた資料ということになります。

しかし，一般に中小企業においては，会社法に定める「附属明細書」も作成されないことが多いため，実際に入手することができるのは法人税の申告書とともに提出される「勘定科目内訳書」と「事業概況書」のみということが多いようです。

(1)　会社法の附属明細書

会社法による附属資料は「附属明細書」で，本店及び支店に備え付けられて株主及び債権者が閲覧もしくは抄本の交付を受けられるものです。

事業報告の附属明細書と計算書類の附属明細書は法令を分けて記載されています。事業報告と注記表の内容がかなり詳細に行われることとなっているため，附属明細書の記載事項は必要最小限のものとなっています。

１．事業報告の附属明細書

事業報告の内容を補足する重要な事項を内容とするものです。事業年度の末日において公開会社であるときは，役員の兼務の状況及び役員の利益相反取引に関する事項についての記載が義務付けられています。

２．計算書類の附属明細書

以下の４つの事項（公開会社以外の株式会社の場合は①から③に掲げる事項）の開示は最低限必要であり，そのほかに計算書類の内容を補足すべき事項があれば適宜加えることが要求されます。

①　有形固定資産及び無形固定資産の明細

②　引当金の明細

③　販売費及び一般管理費の明細

④　112条１項但書の規定により省略した事項（関連当事者との取引に関する注記において，会計監査人設置会社以外の株式会社が注記を省略した事項）がある場合は，当該事項

⑵　税法による附属資料

税法による附属資料には「勘定科目内訳書」と「事業概況書」があります。勘定科目内訳書は，貸借対照表や損益計算書に記載されている各勘定科目についてその金額の内訳と内容が記載されているものであり，事業概況書には会社の概要と業績の概況が明らかにされています。どちらも企業分析に有用な資料となります。

なお，勘定科目内訳書の内容は以下のとおりです。

・預貯金等の内訳書	・売掛金（未収入金）の内訳書
・受取手形の内訳書	・仮払金（前渡金）の内訳書
・貸付金及び受取利息の内訳書	・借入金及び支払利子の内訳書
・棚卸資産の内訳書	・土地の売上高等の内訳書
・有価証券の内訳書	・売上高等の事業所別内訳書
・固定資産の内訳書	・役員報酬手当等及び人件費の内訳書
・支払手形の内訳書	・地代家賃等の内訳書
・買掛金（未払金・未払費用）の内訳書	・工業所有権等の使用料の内訳書
・仮受金（前受金・預り金）の内訳書	・雑益，雑損失等の内訳書
・源泉所得税預り金の内訳書	・役員報酬手当等及び人件費の内訳書

(3) 金融商品取引法の附属明細表

金融商品取引法においての附属資料は「附属明細表」といい，会社法の「附属明細書」と類似しています。有価証券報告書にはこの「附属明細表」の対象とならなかった科目についても「主な資産・負債及び収支の内訳」として科目の内訳が記載されます。

また，有価証券報告書には有価証券等に関する時価情報の開示や企業グループの財政状態ならびに経営成績を示す「連結財務諸表」など有用な資料が満載です。

附属明細表の内容は以下のとおりです。

・有価証券明細表	・借入金等明細表
・有形固定資産等明細表	・引当金明細表
・社債明細表	・資産除去債務明細表

決算書の勘定科目の見方

第２章では，決算書のうち主として貸借対照表及び損益計算書にスポットを当て，主要な勘定科目について，その内容と見方のポイントや融資における判断及び確認事項などを解説していきます。

1　現金及び預金

Point

流動性の高い自由に使えるキャッシュと担保差入などにより使えないキャッシュをきちんと分別し，必要な手許流動性資金を保有しているか否かをチェック。

当座貸越や為替予約の状況等にも十分に注意を払います。

1　現金及び預金勘定の内容

(1)　現金

紙幣や貨幣などの手元現金の他に，

① 他人振出の小切手
② 銀行振出の小切手
③ 送金小切手
④ 送金為替手形
⑤ 郵便振替小切手
⑥ 預金手形
⑦ 郵便為替証書
⑧ 期限の到来している国債や社債などの利札
⑨ 外国通貨，トラベラーズチェック

など，通貨代用証券も含まれます。

(2)　預金

現金を取り扱う「預金」や小切手を取り扱う「当座預金」などがあり，

① 当座預金
② 普通預金

③　定期預金

④　定期積金

などが代表的なものです。

２　見方と判断ポイント

(1)　構成内容を吟味する

現金及び預金勘定は，企業活動における資金の調達と運用の差額や帳尻を表していますが，日常的な取引の為に使用される流動性の高い資金や,投資など次の拡大再生産過程へ投入されるための待機資金など,様々の要素のもので構成されています。すなわち，すぐに使える資金と使えない資金とが存在することを良く理解することが重要です。

－現金及び預金勘定の主な構成内容－

①　常備している小口現金（流動）

②　短期的な支払準備としての流動性預金（流動）

③　長期的な支払準備としての固定性預金（固定）

④　設備投資や納税等の為にストックしてある固定性預金（固定）

⑤　借入金との見合い預金（固定）

⑥　不動産や有価証券等の売却による一時的な滞留資金（要判断）

上記の構成内容を吟味・分類して，勘定科目残高の水準が手許流動性として高いか低いかなどをきちんと判断する必要があります。

$$手許流動性（比率）=\frac{現金預金 + 有価証券（短期）}{年間売上高 \div 12ヵ月}$$

ところで，現金預金勘定については，その全額について手許流動性が高いという見方が一般的であり，いつでも支払に充当できるものとの認識があると思いますが,実務上,手許流動性の水準を図るに当たって「現金預金」として上記の算式に組み込むべきは①②③の部分のみです。

④や⑥によって手許流動性を過大評価することはできません。

(2) 手許流動性の適正水準と考え方

手許流動性は，最低でも月商の１ヵ月分を超えていることが望ましく，1.5～２ヵ月分あれば一応は通常の水準を上回っていると考えられ，月商の３ヵ月以上あれば安全性が高いと言えるでしょう。

ただし，この場合の手許流動性は，決算時や試算表作成時点など，ある一定時点（通常は月末）の残高を基に算定される点に留意する必要があります。例えば，支払日が月末の企業と月初の企業では月末時点の残高は大きく異なります。支払条件や回収条件等の要素を考慮のうえで分析しなければ，それは単に表面上の数字だけで手許流動性の水準を図る表面的な見方であり，実態に即したものではありません。

締め日，支払日，手形決済日・割引日，集金日など，入金と支払の関係に常に注意を払い，決算書の表面上からでは把握できない資金繰りの状況をつかむことが重要です。

(3) その他の留意点

現金預金勘定の残高について，どの程度の月末残高があることが適正なのか，今後の支払や手形決済などを含め，どれくらいの残高を保有していなければ危険ゾーンなのか，という見方をしておくことも重要です。

また，その他留意しておく点としては以下のとおりです。

① 定期預金…………………以下のように分類し，把握しておく

a 通常の定期預金

b 担保設定されているもの

c 借入金との見合預金で実質的に使えないもの

② 外貨預金…………………円価換算が適正か否かをチェックする

2　受取手形

Point

手形割引の際は，自行全体の水準から振出人の信用力をチェックします。

一般的に，回収後に即日手形割引を持ちこむ企業は実質的な資金繰りが苦しい場合が多いので，振出日と持込日の間隔に注意し，帳簿上の手持水準と実態との比較・判断をします。

残高に融通手形が混入されていないかどうかを必ずチェックします。

1　受取手形勘定の内容

① 受取手形とは，企業の業務上の取引（営業活動）において，相手先（取引先）から受け取った約束手形や為替手形のことです。主に売上代金の回収等で入手した手形がこの勘定科目に入ります。

② ①のうち，破産債権，再生債権，更生債権その他これらに準じるもので１年以内に回収されないことが明らかなものは，この勘定から除きます。

③ 固定資産や有価証券の売却など，通常の取引以外（営業外）の取引に基づいて受け取る手形は，この受取手形勘定と区分して固定資産の部に表示します。

④ 割引により現金化した手形や，裏書譲渡等により支払に充当したものは受取手形より除きますが，振出人が不渡りとした場合の遡及義務があるため貸借対照表上に脚注表示するか個別注記表に注記します。また，受取手形勘定から除かずに，負債の部に「割引手形」「裏

書手形」として両建表示する方法もあります。

2　見方と判断ポイント

(1)　手形の信頼性を見る

受取手形は，現金預金や売買目的有価証券に次いで流動性の高いものです。手形期日に現金化されることがほぼ確実であり，期日前でも裏書譲渡により支払に充当したり割引により現金化することが可能です。ここでポイントとなるのは，割引や裏書譲渡した分を除いた保有残高と手形そのものの信頼性（質）です。

これは，金融機関が割引に応じてくれるか否か，期日にきちんと手形が落ちるか否かという振出人（支払人）の信用度に関する問題ですので，この点をしっかりと吟味する必要があります。

(2)　受取手形の適正残高を見る

受取手形は売上代金を受領する権利（売上債権）の形態ですが，回収条件に合わせた適正額が計上されているか否かが重要です。

仮に適正額を超える受取手形が計上されている場合は，その企業の得意先（売上先）の資金繰りが苦しく，通常の現金決済から手形決済に変更された可能性があり，債権の焦付きリスクが高まることにもなります。よって，対象企業の受取手形が月商や決済条件に照らして適正額から乖離している場合は特に注意が必要です。

なお，受取手形については月商程度の保有残高であれば1ヵ月先の支払に充当可能であり，手許流動資金等と併せて支払能力の実態を図ることが可能です。

また，貸借対照表上の受取手形残高が多い場合，実態が担保手形貸しや担保としての見返手形として差し入れられている場合はこれらを差し引いて検討します。

(3)　融通手形の有無を見る

融通手形とは，商品売買等の実態が無いのに振り出される手形のことで，いわゆる空(から)手形です。金融機関などから借入ができない企業は，取引先などに依頼して手形を振り出してもらい，これを金融機関などの第三者へ持ち込み割引してもらうことで資金を融通することとなります。

融通手形を多く所有している企業は少なからず倒産の危機をはらんでいると言っても過言ではありませんので注意が必要です。

受取手形残高にこのような手形が混入されていないかをチェックするためには，次のようなステップにより確認をとります。

①　受取手形全体の回転期間（受取手形÷売上高×365日）を算出し，回収に何日を要しているかを確認します。

②　過去と照らして回転期間が異常に長くなっていないかなど，取引条件による正常残高と比較します。

③　期日が異常に長い手形がある場合は支払人の信用状態を確認します。

④　業種ごとの季節性などを考慮しても異常に長い回転期間となっている場合は融通手形の混入が懸念されます。この場合，支払手形残高も取引条件による正常残高を上回っていることが多いはずなので同時に確認します。

⑤　受取手形の振出人(支払人)別に残高の多寡を確認し，異常に残高の多い先があるか否かをチェックし，集中している振出人については念入りな信用照会や調査依頼を行い内容把握します。

⑥　関連会社や子会社等の受取手形残高には特に注意し，直近の売上高などを参考に融通手形がないかなどを調査します。

3　売掛金

Point

適正残高を回転期間（率）分析で把握し，不良債権や粉飾の有無をチェックします。

大口得意先を中心に月間売上高と対比して要注意先をチェックしましょう。

売掛債権及び棚卸資産残高の異常な増加は，企業内容の悪化を示す２大兆候です。

1　売掛金勘定の内容

①　売掛金とは，得意先との通常の取引に基づいて発生した営業上の未収金のことで，商品や製品の販売や加工作業により生じた売上債権や，運送や請負などの役務提供により生じた債権が含まれます。

②　①のうち，破産債権，再生債権，更生債権その他これらに準じるもので１年以内に回収されないことが明らかなものはこの勘定から除き，投資その他の資産に「破産更生債権」などの勘定科目を設けて振替えます。

③　建設業では「完成工事未収入金」という勘定科目を使います。

④　固定資産や有価証券の売却など，通常の取引以外（営業外）の取引に基づいて生じる未収金のうち，決算が一年超のものはこの勘定と区分して「未収金」等の名称で固定資産の部に表示します。

2　見方と判断ポイント

(1)　売掛金の適正残高を見る

売掛金と受取手形を併せて一般的に売掛債権または売上債権と呼びますが，この残高があまりに過大であることは好ましいことではありません。

適正な売掛金残高は業種や決済条件などによって異なりますが，平均すると月商の1.5ヵ月分程度が通常であり，これを上回る売掛金残高が計上されている場合は，不良債権等が混入されている可能性が高く，対象企業の経営規模や業種に合せた適正額を把握する必要があります。

異常に大きな売掛金が計上されている場合は，以下のような項目を調査する必要があります。

①　不良債権が発生していないか
②　債権管理がきちんとなされているか
③　架空売上の計上による粉飾はないか
④　商品・製品が市場競争力を持っているか
⑤　押込販売など無理な販売活動をしていないか

⑵　売上債権の回転期間を見る

売掛金の適正残高を把握するための手法として一般的に用いられるものに，売上債権の回転期間を分析する方法があります。

$$\text{売上債権の回転期間} = \frac{\text{売上債権（売掛金 ＋ 受取手形））}}{\text{年間売上} \div 12\text{ヵ月}}$$

※受取手形には割引手形及び裏書手形未決済分を含みます。

例えば，３月末決算の会社で売掛金残高が500（受取手形は無いものと仮定），年間売上高が3,000とすると，売上債権の回転期間は，500 ÷（3,000 ÷ 12）＝２ヵ月と求めることができます。

この回転期間は，売上を計上してから実際に現金化されるまで平均２ヵ月かかる，ということを意味しています。

通常は売上を計上してから現金化されるまでの期間は各企業の規模や業種ごとに一定となります。粉飾により架空売上を計上した場合や不良債権が売掛金残高に含まれている場合は必然的に売掛金残高が増加するため，回転期間が長くなります。

そのため，売上債権の回転期間が同業他社に比して長い場合や，自社の過去実績に比して長期化している場合は特に注意が必要です。

(3) 売掛金残高の内容を把握する

適正残高や回転期間の確認を終えた後は，勘定科日内訳書（科目明細）などを利用して得意先ごとに個別に以下の内容を確認します。

① 月間売上高と対比して異常に大きな残高があるか（通常は月間売上の1～1.5ヵ月分が正常値）

② 前期と今期で残高に変化のないものはないか（不良債権の可能性あり）

③ 大口得意先で信用状態に問題のある先はないか（受取手形を含めて判断する）

④ 子会社や関係会社等に対して正常範囲を超えているものはないか

⑤ 期末の押込販売等によるもので回収不能なものはないか

(4) 貸倒引当金の計上は妥当か

受取手形を含め，売上債権残高に対して適正な貸倒引当金が引き当てられているか否かを確認します。計上基準には会計上のものと税法上のものと様々あるため，計上方法をマスターしておくことも重要です。

4　有価証券

Point

非上場企業では金融商品会計基準が適切に適用されていることが少ないため，評価方法等を必ず確認するようにしましょう。

貸借対照表の計上額を鵜呑みにせず，単価へ数量を乗じる程度の確認は行うこと。

1　有価証券勘定の内容

①　有価証券とは，次のようなもので売買目的保有のもの及び1年以内に満期の到来するもののことを言います。

a　国債証券

b　地方債証券

c　株式

d　社債

e　証券投資信託（株式投信，公社債投信）の受益証券

f　貸付信託の受益証券

②　長期的な資産運用や他の会社への資本参加などの目的で長期的に株式や公社債などを保有する場合は，「投資有価証券」等の名称で固定資産に計上します。

③　有価証券については原則として時価評価が導入されており，評価方法等について「金融商品に関する会計基準」及び「金融商品会計に関する実務指針」が適用されます。

(1)　売買目的有価証券

売買目的有価証券は，「時価の変動により利益を得ることを目的とし

図表２－１　有価証券の分類と表示方法

表示区分	勘定科目	内容
流動資産	有価証券	・市場性のある売買目的の有価証券
		・１年以内に満期の到来する債券
固定資産 （投資その他の資産）	投資有価証券	・市場性のある売買目的外の有価証券 ・市場性の無い有価証券 ・満期保有目的の債券 ・その他の有価証券
	関係会社株式	・議決権の20％以上を保有している株式 ・子会社の株式を含む

て保有する有価証券」と定義されています。通常は，同一銘柄に対して反復的な売買が行われるものをいい，いわゆるトレーディング目的の有価証券のことを指します。

売買目的有価証券は，期末時点の時価での時価をもって貸借対照表価額とし，その評価差額は当期の損益として処理されます。

ただし，売買目的に分類できるのは，企業が有価証券の売買を業として独立した担当部署が運用する場合などに限られていますので，売買目的有価証券は大部分の会社には存在しないものになります。すなわち，大部分の会社において流動資産に区分される有価証券は１年以内に満期の到来する債券のみで，ほとんどの有価証券は投資有価証券等に分類されることになります。

⑵　満期保有目的の債券

満期保有目的の債券は，企業が「満期まで保有する意図をもって保有する社債券その他の債券」と定義されています。

これらは，原則として取得原価をもって貸借対照表価額としますが，債券金額より低いまたは高い価額で取得した場合でその差額の性格が金利調整と認められる場合は，償却原価法（取得価額と償還金額の差額を期間等により按分する方法）に基づいて算定された価額が貸借対照表に計上され，償却額は当期の損益に計上されます。

⑶　子会社株式及び関連会社株式

これらは子会社及び関連会社が発行する株式のことですが，どちらも他企業への影響力の行使を目的として保有する株式であることから，事実上の事業投資と同様の会計処理を行うことが適当であるため取得原価で評価します。

なお，連結財務諸表においては持分法により評価されます。

⑷　その他有価証券

その他有価証券は，上記⑴⑵⑶のいずれにも分類できない有価証券です。これらは売買目的有価証券と子会社株式及び関連会社株式との中間的な性格を有するものとして一括して捉えることとされ，その評価は時価をもって貸借対照表価額となります。

ただし，期末の時価は決算日前１ヵ月の市場価格の平均をとる方法を継続して適用することも認められています。

評価差額は当期の損益とせずに，洗替方式に基づき，評価差額の全部を純資産の部に計上します。なお，時価が取得原価を上回る銘柄の評価差額は純資産の部に計上し，時価が取得原価を下回る銘柄の評価差額は

図表2－2　企業会計における金融商品の評価基準

金融商品の属性		評価基準	評価差額の取扱い
有価証券	売買目的	時　価	損益に計上
	満期保有債券	償却原価	－
	子会社株式及び関連会社株式	原　価	－
	その他有価証券	時　価	資本の部に直接計上（評価損については，当期の損失とすることも認められる）
金銭債権		償却原価	
特定金銭信託等		時　価	損益に計上
デリバティブ		時　価	損益に計上

当期の損失として処理する方法によることも可能です。

(5)　市場性（市場価格）の無い有価証券

市場性の無い有価証券は，取得原価または償却原価法に基づいて算定された価額で評価されます。

(6)　時価が著しく下落した場合の取扱い

市場価格のある有価証券について，その時価が著しく下落したときには，回復する見込みがあると認められる場合を除き，市場価格をもって貸借対照表価額とします。市場価格とは，取引所の相場のほか，店頭登録市場の相場，気配，指標その他の相場も含まれます。

市場価格のない株式についても，その実質価額が著しく低下したときには相当の減額をすることとされています。

２　見方と判断ポイント

有価証券はその保有目的によりその評価方法や科目区分が厳密に定められています。これらは上場会社については強制適用されますが，非上場会社では適用は強制されているわけではありません。

また，法人税法では売買目的有価証券については時価法，満期保有目的等有価証券のうち償還期限のあるものは償却原価法，その他の有価証券は原価法を適用することになっており，中小企業では税法基準が適用されていることがほとんどです。

ここで注意すべきなのは「その他有価証券」の評価です。既述のとおり，金融商品会計基準では時価評価して評価差額は資本の部に直接計上することになっていますが，法人税法では原価法となっているため，中小企業などの非上場会社では時価評価していない場合がほとんどです。

よって，中小企業の場合は，値下がりした株式等を取得原価のままで計上し，含み損を抱えているような企業があることに充分に留意してください。

さらに，この勘定を通してその企業や経営者の姿勢を垣間見ることが可能です。投機的な投資や信用取引をしていないか，仕手銘柄などへ手を出していないか，資力相応の保有をしているか，誰がこの売買の意思決定をしているのか，などを確認し，ワンマン社長の独断というような危険な状況であるか否かを把握します。

5　商品

Point

過剰在庫を抱える企業に優良企業は無いことを理解し，過剰在庫について特殊要因があるか否かを必ず確認して判断します。

適正在庫か否かは流通経路等にも左右されるため，それらも含めて勘案します。

1　商品勘定の内容

① 商品とは，自社の販売目的のために外部の取引先から仕入れた物品のことをいいます。

② 不動産会社が販売目的で所有する不動産（土地や建物），証券会社等が販売目的で所有する有価証券などもこの勘定で処理されます。

③ 商品の取得価格には，購入対価のほか付随費用（買入手数料，運送費用など）も含みます。

2　見方と判断ポイント

(1)　不良在庫や架空在庫がないかを確認する

商品勘定でまず確認すべきことは，棚卸による種類及び数量確認とその評価です。

不良在庫や陳腐化在庫，過剰在庫の存在は含み損の存在を意味しますし，資金繰り上の問題を生じさせることになります。また，粉飾決算のために架空在庫を計上することはしばしば見受けられる手法です。

これらを細部まで確認することは当事者以外には非常に困難ですが，

商品回転率や回転期間分析等を通じてある程度の分析することは可能です。まずは以下の項目を確認しておきましょう。

1. 商品自体に競争力があるか，自社に販売力や営業力はあるか。
2. 在庫管理はきちんと行われているか。
3. 同業他社と比較して計上額や比率は大き過ぎないか。
4. 特殊な要因による一時的在庫がある場合，短期間に解消するものか否か。
5. 販売計画を誤っての過剰分であれば，解消計画はどうなっているか。
6. 陳腐化商品や欠陥品などについて，きちんと評価損が計上されているか。

過剰在庫は資産価値の低下を招く要因となるだけでなく，保管費用など余計な費用が嵩むこととなり，企業及びバランスシート（貸借対照表）の重大な病の元凶です。また，粉飾決算の手法としてはもってこいの勘定ですので要注意です。

(2)　商品回転率と回転期間をチェックする

商品回転率は，企業が売上をあげるために必要な在庫が年に何回転しているかを表す指標です。回転数が大きいほど，より少ない在庫で売上をあげていることとなります。

参考までに，製造業では12回転以上，小売業では20回転以上が理想です。

$$\text{商品回転率（回）} = \frac{\text{年間売上高}}{\text{商　品}}$$

商品回転期間は，売上に対して在庫を何ヵ月分（何日分）持っているか，または，在庫を全て消費（販売）するのにどれくらいの期間を要するかを表す指標です。すなわち，回転期間が短いほど経営効率が高いということになります。

なお，製造業では15日程度，小売業では25日程度が標準的な数値です。

$$商品回転期間（月）\ =\ \frac{商\quad品}{年間売上高 \div 12}$$

これらの指標を業界標準などと比べることにより自社の経営効率等を図ることが可能となります。特別な目的や理由がなければ，わざわざ資金を負担して余分な在庫をもつことは通常考えられません。異常値の場合は不良在庫や過剰在庫の可能性ありと速断したうえ内容を確認することが重要です。

(3) 季節商品等の有無をチェック

セール時期に販売が集中するアパレル業や，収穫時期のズレなどにより仕入れに偏りのある食品販売業など，季節商品を扱う業種に対する適正在庫の判断は容易ではありません。

したがって，このような業種の適正在庫を判断するためには，商品の需給見通しや販売計画の妥当性などを検討することがポイントとなります。

商品をそのシーズンに販売することが出来ない場合は次のシーズンに持ち越しとなるため，安値販売や廃棄の可能性が生じるだけでなく，含み損を抱えたまま金利や保管コストなどの過剰負担も生じます。

季節越しの予想される商品をどのように販売するか，または効率よく損切りできるかなどが重要なポイントです。季節越しの商品を抱えていつも在庫の多い状態の企業は要注意です。

6　製品

Point

製造原価明細書と損益計算書の関連を正確に理解しましょう。

商品と同様に，過剰在庫は企業の重大な病の根源であることを常に念頭に入れておきましょう。

1　製品勘定の内容

① 製品とは，製造業を営む企業が販売を目的として所有する，自ら製造し，完成した生産品のことをいいます。

② 製造の一部を下請け業者に委託している場合などもこの勘定に含まれます。

③ 最終工程まで終了して販売可能となった完成品のみが製品勘定に含まれ，製造過程にある未完成品は含まれません。

④ 製品を製造する過程で別の製品が副次的に産出される場合，これを副産物といいますが，これも製品勘定に含まれます。

2　見方と判断ポイント

製造過程にある未完成品でそのまま販売可能なものを「半製品」といい，これを半製品という勘定科目で独立させる場合もあります。また「製品及び半製品」として貸借対照表上一括表示することもあります。

(1) 売上原価の算出方法を確認する

製品の取得原価は，損益計算上，売上原価算出の重要な要素となっています。

図表２－３を参考に，製造原価報告書と損益計算書との関連等をよく理

解しておきましょう。

(2) 適正在庫量を把握する

商品勘定と同様に，製品勘定残高が過大であることは企業経営に悪影響を及ぼす場合がほとんどです。通常，製品は1ヵ月分程度を保有していれば十分ですので，これを超えるものは不良在庫と見なし，その企業の特殊事情をヒヤリングしたうえで確認･判断するようにしてください。

①流通在庫の状況，②季節商品，③特殊な商品，④多品種少量生産，など様々な要因が考えられますが，それら特殊事情を除いたところで適正在庫を判断することが重要です。

そこで，製品の適正在庫を把握するため，商品勘定と同様に回転期間により分析することが可能です。

$$\text{製品回転期間（月）} = \frac{\text{製　品}}{\text{年間売上高} \div 12}$$

製品回転期間は，製品が完成してから販売されるまでの期間を表しているものですので，各製品ごとに回転期間を計算して売れ筋製品等を確認することができると同時に，過大な数値は過剰在庫や不良在庫の存在を示すものですので，十分に注意して見ることが肝要です。

7　原材料

Point

下請企業に加工依頼する際は有償支給と無償支給の場合があり，それぞれ残高水準が異なることに留意します。

商品や製品と同様に，過剰在庫は企業の重大な病の根源であることを常に念頭に入れておきましょう。

1　原材料勘定の内容

原材料勘定には次の３つが含まれます。

①　原料………
②　材料………
}　製品の製造目的のために費消される物品で，未だその用に供されていないもの。

③　購入部品…　　製品または半製品の組成部分として取り付けられる物品で，他より購入し，加工することなく取り付けられるもの。

2　見方と判断ポイント

原材料も棚卸資産を構成するため，過剰な在庫は金利負担や保管費用等の資金負担を生じます。すなわち，この勘定の多いことは企業の収益や資金繰りを圧迫することになります。また，劣化や値下がりのリスクもありますので，この点にも注意が必要です。

入手の事情や納品間隔などを確認し，原材料勘定についても回転期間分析により適正保有期間に比べて長過ぎないか否かをチェックします。

$$\text{原材料回転期間（月）} = \frac{\text{原材料}}{\text{年間売上高} \div 12}$$

8　仕掛品

Point

仕掛品の回転期間が極端に長い場合は，生産工程や生産管理に問題があるかもしれないと考えましょう。

仕掛品残高が理論値を超えて過大な場合は，粉飾決算の可能性があります。

1　仕掛品勘定の内容

① 原材料，労務費，製造経費など，販売を目的とする製品の生産工程に投入され，現に仕掛・加工段階にあるものをいいます。

② 似たようなものに「半製品」という勘定科目がありますが，半製品はそのままの状態で販売可能なものであり，仕掛品は貯蔵もできません。

③ 建設業では「未成工事支出金」，造船業では「半成工事」という勘定科目を使います。

④ 自社で使用する目的で仕掛中のものはこの勘定に含めず，「建設仮勘定」などの科目を使います。

2　見方と判断ポイント

仕掛品勘定は棚卸資産全体の残高に占めるウェイトが高い場合が多く，この評価次第で利益に大きな影響を与えます。期末残高は各企業の原価計算方法により異なりますが，この残高の確認は外部からは非常に困難です。よって，架空在庫の計上による粉飾決算などに使われることの多い勘定科目であることに留意してください。

また，この科目の残高が多い場合は，生産工程の流れがスムーズでないことが多く，それにより金利や資金負担が嵩むなど企業経営に悪影響を与える場合がほとんどです。

他の棚卸資産勘定と同様に回転期間をチェックし，適正残高を上回っている場合にはその原因についてヒヤリングし，きちんとした理由があるか，架空在庫などの懸念はないか，生産工程に問題はないかなどを確認することが必要です。

$$仕掛品回転期間（月） = \frac{仕掛品}{年間売上高 \div 12}$$

なお，仕掛品の滞留期間は，製造品，製造工程及び製造方法などによって大きく異なるため，回転期間が短いから一概に良いと判断することはできません。

良否の判断をする際は，企業の過去数値との比較分析や同業他社との比較をすることが重要です。

商品や製品在庫とは異なり，販売できないから在庫が膨らむということは考えにくいため，正常な仕掛品回転期間は，製造工程などを確認し，原材料投入から完成までの期間をチェックすれば比較的簡単に適正値を確認出来ます。

図表２－３　棚卸資産（ＢＳ）とＰＬ及び製造原価明細書の関係

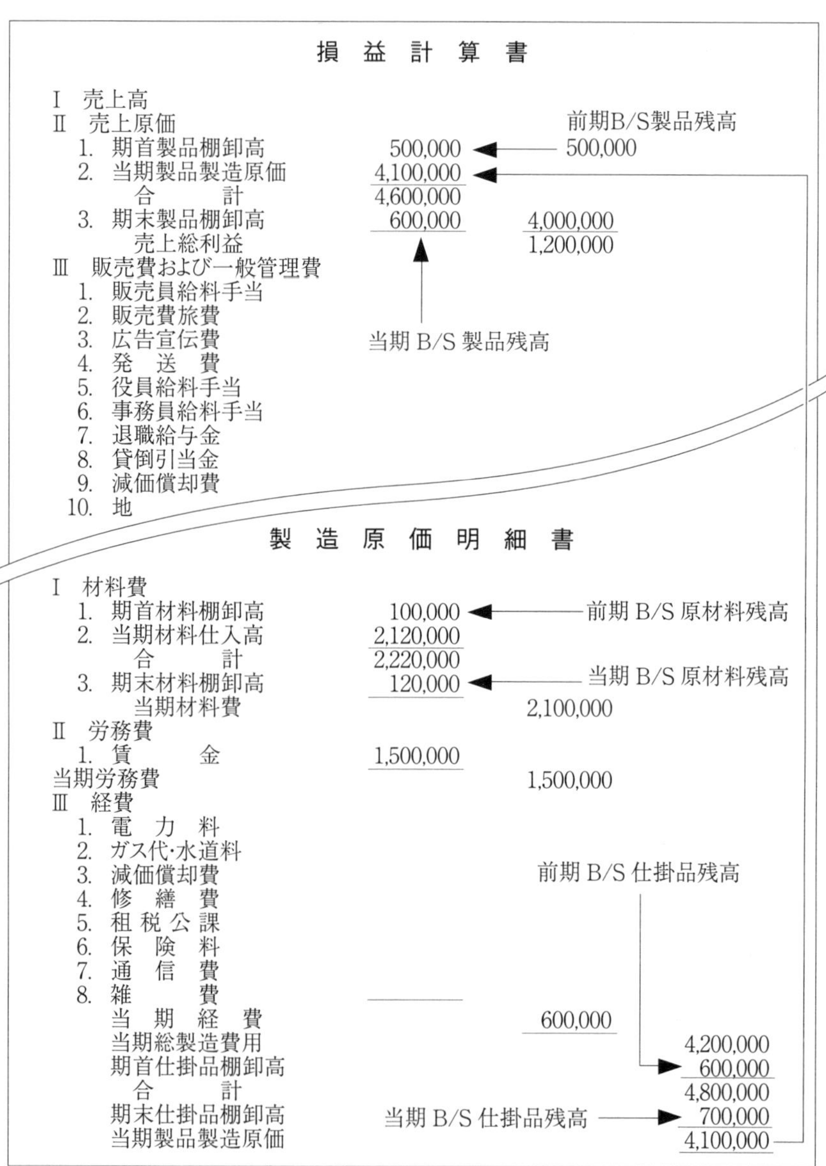

損　益　計　算　書

Ⅰ　売上高			
Ⅱ　売上原価			
1. 期首製品棚卸高	500,000		← 前期B/S製品残高 500,000
2. 当期製品製造原価	4,100,000		← （製造原価明細書の当期製品製造原価より）
合　　計	4,600,000		
3. 期末製品棚卸高	600,000	4,000,000	↑ 当期 B/S 製品残高
売上総利益		1,200,000	
Ⅲ　販売費および一般管理費			
1. 販売員給料手当			
2. 販売費旅費			
3. 広告宣伝費			
4. 発　送　費			
5. 役員給料手当			
6. 事務員給料手当			
7. 退職給与金			
8. 貸倒引当金			
9. 減価償却費			
10. 地			

製　造　原　価　明　細　書

Ⅰ　材料費				
1. 期首材料棚卸高	100,000			← 前期 B/S 原材料残高
2. 当期材料仕入高	2,120,000			
合　　計	2,220,000			
3. 期末材料棚卸高	120,000			← 当期 B/S 原材料残高
当期材料費		2,100,000		
Ⅱ　労務費				
1. 賃　　金	1,500,000			
当期労務費		1,500,000		
Ⅲ　経費				
1. 電　力　料				
2. ガス代･水道料				
3. 減価償却費				
4. 修　繕　費				
5. 租 税 公 課				
6. 保　険　料				
7. 通　信　費				
8. 雑　　費				
当　期　経　費		600,000		
当期総製造費用			4,200,000	
期首仕掛品棚卸高			600,000	← 前期 B/S 仕掛品残高
合　　計			4,800,000	
期末仕掛品棚卸高			700,000	← 当期 B/S 仕掛品残高
当期製品製造原価			4,100,000	→ 損益計算書 2. 当期製品製造原価へ

9　貯蔵品

Point

貯蔵品勘定の残高が多額でない場合は，余計な心配や詮索を要するものではありません。

1　貯蔵品勘定の内容

貯蔵品とは次のようなもので，取得時に経費や材料費と処理せず，期末時点で未使用のまま貯蔵中のものをいいます。

①　消耗工具備品（ドライバーやペンチなど）
②　工場用消耗品（ネジ，接着剤など）
③　事務用消耗品（文房具など）
④　包装荷造材料等の補助材料（包装紙など）
⑤　燃料，見本品など

2　見方と判断ポイント

貯蔵品勘定は，期間損益計算を正確に行うためには，理論上資産計上すべきです。しかし，比較的少額であることが多いため購入時の費用として処理されることが多く，また，保守主義や重要性の原則の観点からも，少額の場合は極力費用処理してしまう方が経理処理として適正といえます。

よって，この科目残高が以上に大きい場合は，費用として処理しきれないほど収益が厳しい状況であるか，経理処理が雑，などの原因が考えられます。

見るべき内容の少ない勘定科目ですが，これらの処理や動きから経営者や経理担当者の考え方や姿勢などを垣間見ることができます。

10　前渡金

Point

融通手形が含まれていないか，仮受金勘定などと一緒に必ずチェック。

建設仮勘定に計上すべきものが含まれている場合は，これを含めて流動資産としてみると流動性比率などの判断を誤るため，内容を個別に確認します。

1　前渡金勘定の内容

①　商品や原材料など購入代金や，外注費など役務提供（サービス）の対価の手付金を支払った場合はこの勘定科目で処理します。

②　固定資産取得に際しての前払いや手付金の場合はこの科目を使わず「建設仮勘定」という勘定科目を使います。

③　前渡金は商品やサービスなどの給付を請求する権利（債権）であるため，金銭の給付を受けられる金銭債権ではありません。したがって，原則として貸倒引当金の設定対象とはなりません。

2　見方と判断ポイント

前渡金勘定は，融通手形を発行する際に使用されるケースがあるため注意が必要です。取引先が資金繰りで多忙のために，頼まれて手形を貸す場合にこの科目が使われることが多く，その見返りとして相手方より受領した手形は仮受金などで処理されます。これらの勘定が貸借対照表の借方・貸方で両建計上されている場合は必ずその内容を確かめる必要があります。

また，前渡金を計上した(支払った)にもかかわらず，商品の引き渡しやサービスの提供がなされなかった場合は，前渡金は金銭債権となりますので，この場合は前渡金勘定から未収入金勘定に振り替えられます。

11　経過勘定項目（繰延・見越）

Point

経過勘定項目をきちんと処理している企業の方が，処理していない企業に比べて経理はまともです。

税法上は，継続適用を要件として短期（一年以内）の前払費用は計上しなくてもよいことになっています。

1　経過勘定の内容

① 経過勘定項目とは適正な損益計算を行うために生じる期間的未解消項目で，繰延勘定（前受収益，前払費用）と見越勘定（未収収益，

図表２－４　前受金・前受収益・未収金・未収収益の関係表

役務提供の状況	未完了		部分完了		完了	
代金受入の状況	収入	未収入	収入	未収入	収入	未収入
勘定科目	前受金	－	前収収益	未収収益	営業外収益など	未収金

図表２－５　前渡金・前払費用・未払金・未払費用の関係表

役務受領の状況	未完了		部分完了		完了	
代金支払の状況	支払	未払	支払	未払	支払	未払
勘定科目	前渡金	－	前払費用	未払費用	経費など	未払金

図表２－６　　経過勘定項目一覧（企業会計原則注解５より）

繰延べ	前払費用	一定の契約に従い継続して役務の提供を受ける場合，いまだに提供されていない役務に対して支払った対価 例）未経過割引料，同保険料，前払家賃等　→　資産計上
	前受収益	一定の契約に従い，継続して役務の提供を行う場合，いまだに提供していない役務に対し，支払を受けた対価 例）前受賃貸料，前受手数料，前受利息　→　負債計上
見越し	未払費用	一定の契約に従い継続して役務の提供を受ける場合，すでに提供された役務に対していまだにその対価の支払の終わらないもの 例）未払給料，未払利息，未払電力料　→　負債計上
	未収収益	一定の契約に従い，継続して役務の提供を行う場合，すでに提供した役務に対していまだにその対価の支払を受けていないもの 例）未収利息，未収地代家賃　→　資産計上

未払費用）に分けられます。

② 未決済項目（前受金，前渡金，未収金，未払金）とは異なり，経過勘定項目は継続的な役務提供契約に限って発生しますが，未決済項目は役務提供契約以外からも生じます。

③ 継続的な役務提供契約で生じた代金の支払や受入につき，役務の提供または受領が部分的に完了したものが経過勘定項目となります。

これら経過勘定項目は，一般的な資産・負債の項目とは異なり実態のないものですが，会計上の資産・負債とされるものです。これらについてもきちんと理解しておくことが大切です。

12　仮払金

Point

仮払金が決算書上に計上されていることは通常はありえません。

経費処理すべきものや償却すべきものが残っている場合は，実質的な粉飾です。

役員に対するものが多く含まれていて使途不明などの場合は，社長の経営姿勢や会社の経理体制に問題があります。

1　仮払金勘定の内容

① 仮払金とは，金銭等の支出はあったが取引の内容が明らかでない場合または処理科目が確定していない場合に一時的に処理する勘定科目です。

② 金額が確定しないための概算払いの際にも使用します。

③ 仮払金は一時的な科目であり，速やかに精算して正規の勘定科目に確定した金額で処理しなければなりません。

2　見方と判断ポイント

(1) 仮払金はあくまでも一時的なもの

決算時点でこの勘定科目が貸借対照表に残っており，さらに金額が多い場合は経理処理システムに問題があると言えます。仮払金は例外的・一時的なものであり，原則として決算時には計上されないことを頭に入れておきましょう。

(2) 費用の仮払いは利益をマイナスする必要性

仮払金には，上記のようなものを含めて，費用性の仮払いや資産取得に関わるもの，法人税等の仮払いなど，性格の異なるものが含まれています。

例えば，資産を取得するための仮払いの場合は，原則として「建設仮勘定」とすべきではあるものの，いずれは建物など特定の勘定科目に振替わるので問題はありませんが，費用の仮払いの場合は，本来は損益計算上で費用となる項目ですので，その分だけ利益が過大に表示されていることになります。決算書上に仮払金残高がある場合はこの点に注意して，その内容を必ず確認してください。

⑶　仮払法人税等の判断

企業が法人税等を支払った際に仮払法人税等などとして計上することがあります。これは税務上損金算入できないため仮払経理するという判断のもとの処理ですが，会計上は税金も費用または損失とすべきものです。

しかし，支払った法人税等を仮払処理することは，違う視点で考えると，粉飾決算等の可能性も考えられます。

一般的に，法人税や事業税などは税引前当期純利益より差し引く形で計上されますが，税額以上の税引前当期純利益がなければ最終利益がマイナスとなってしまいます。

また，仮払金は流動資産の一部を構成するため，これら資産性のないものを流動資産に加えて流動比率を見た場合，実態とはかけ離れた数値となってしまいます。

したがって，仮払金の内容を確認して仮払法人税等が含まれている場合は，個々の支払がいずれどのように処理されるものか見極め，費用計上のうえ利益をマイナスにしたり，資産から控除したうえで財務判断をする必要があります。

13　短期貸付金

Point

一般企業では短期貸付金勘定が計上されることはほとんどありません。

不良貸付はないか，特に社長個人に対するものは要注意。

利息がきちんと計上されているか，未収利息勘定などに滞りがないかをチェック。

1　短期貸付金勘定の内容

① 短期貸付金とは，取引先や自社の役員及び従業員に対する貸付金で，1年以内に回収時期（返済期限）が到来するものをいいます。

② 当初の契約において長期貸付金として処理した場合であっても，貸借対照表日（決算日）の翌日から起算して1年以内に返済期限が到来する部分はこの勘定に含めて表示します。

2　見方と判断ポイント

一般的に，金融業でない場合にはこの勘定が計上されることはほとんどありません。また，残高があったとしても大きな金額となることは通常ではありえませんし，問題です。この科目残高がある場合は，以下のような理由で計上されている可能性がありますので，貸付の理由や目的を必ず確認しましょう。

① 使い込みなどの不祥事を整理するため

② 役員などに対する使途不明金

③ 役員給与では不足する部分の補てん

④　取引先などへの援助融資

上記のような貸付が含まれていないかを確認し，その回収や使途に問題のある融資はないか，保全措置はどうか，担保・保証人などの有無を確認します。

また，利子は調達レートを下回っているようなものはないか，元利金は期日に約定通り入金されているか，実質的に回収が１年以上に及ぶ長期貸付金は含まれていないか，など細かくチェックすることが必要です。

14　その他の流動資産（未収入金・立替金・預け金等）

Point

科目の性格や発生の経緯，解消の時期・回収可能性などを，残高の大小にかかわらずチェックすることにより，企業の内面を窺い知ることができます。

1　その他の流動資産勘定の内容

これまで説明してきたものの他に，流動資産には未収入金（または未収金）や立替金，預け金などの雑多な勘定科目があります。

2　見方と判断ポイント

(1)　未収入金（未収金）

未収入金（未収金）は，有価証券や固定資産の売却代金など，本来の営業活動以外の取引から生じた代金の未回収金額などを処理する科目です。

役務やサービスの提供を営業目的とする業種では，売掛金勘定を使わずに未収金としたり，未収運賃・未収加工料・未収請負金などとして表示する場合もあります。

なお，これらは類似する名称である未収収益とは基本的に異なります。

(2)　立替金

立替金は，役員や従業員，取引先や関係会社などに対する金銭（経費等）の一時的な立替払いを処理する勘定です。

例えば，従業員の出張旅費の一時立替払いや，取引先の負担すべき手数料などがこれに該当します。

なお，金銭を貸し付けた場合は貸付金勘定を使用しますので区別が必要です。

(3)　預け金

預け金とは，役員や従業員，取引先や関係会社などに対して一時的に預けた金額を管理するための勘定です。

なお，取引先に対する預け金の場合，例えば差入保証金などの勘定科目で処理されることもあります。

いずれにしても，これらの勘定科目は，流動資産とされていることからも本来は短期的に解消される性格のものです。残高が長く滞留して過年度の残高がそのまま残っていたり，累積しているケースは好ましくありません。このような勘定の残高が残っている場合は内容を確認するようにしましょう。

15　貸倒引当金（一括評価と個別評価）

Point

債権内容を個々に検討して，十分な引当金が計上されているかをチェックします。

中小企業の場合は回収不能額を個別見積りのうえ，引当金相当額を別途見積もりして実態を把握します。

繰り入れの基準を理解していれば不良債権の実態が鮮明になります。特に個別評価している債権の実態を確認すること。

1　貸倒引当金勘定の内容

① 貸倒引当金は，受取手形，売掛金，貸付金，未収金等などの金銭債権について，将来貸倒れが発生する場合に備えて，次期以降における回収不能見込額を前もって見積り計上しておくものです。

② 回収不能見込額（貸倒引当金計上額）には，個別に見積り計上する場合と債権総額に過去の実績割合等の一定割合で計上するものとがあります。

③ 中小企業の場合，実務上は法人税の規定によって法定繰入率により計上していることがほとんどです（図表２－７参照）。

2　科目の見方と判断のポイント

(1)　表示方法を確認する

引当金は負債の部に計上されるのが一般的ですが，貸倒引当金については，資産の部に資産の控除項目としてマイナス表示として計上される

図表2－7　税法上の貸倒引当金の繰入限度額

a. 繰入限度額の計算

繰入限度額は，期末における貸金の帳簿価格に「法定繰入率」または，「貸倒実績率」を乗じて計算する。

繰入限度額＝貸金の帳簿価額 × 法定繰入率 または 貸倒実績率

法定繰入率（資本金1億円以下の企業）

卸売業および小売業（飲食店業および料理店業を含み、割賦販売業を除く）	$\frac{10}{1,000}$
製造業（電気業，ガス業，熱供給業，水道業および修理業を含む）	$\frac{8}{1,000}$
金融及び保険業	$\frac{3}{1,000}$
割賦販売小売業及び割賦購入あっせん業	$\frac{13}{1,000}$
その他の事業	$\frac{6}{1,000}$

貸金の額＝売掛金等の額 － 実質的に債権とみられないものの額

b. 貸倒実績率

aの法定繰入率にかえ，次の算式による貸倒実績率によることもできる。

資本金1億円超の企業は貸倒実績率のみとなる。

貸倒実績率＝

{（その事業年度開始の日前3年以内に開始した各事業年度の売掛債権等の貸倒損失の額 ＋ その各事業年度の個別評価分の引当金繰入額 － その各事業年度の個別評価分の引当金戻入額）× $\frac{12}{\text{左の各事業年度の月数の合計額}}$}

÷

{その事業年度開始の日前3年以内に開始した各事業年度終了の時における一般売掛債権等の帳簿価額の合計額 ÷ 左の各事業年度の数}

c. 実質的に債権とみられないものの額

売掛金等から差し引く「実質的に債権とみられないものの額」は，㋑原則的な扱い と ㋺実績控除割合 による方法がある。

原則的な扱いは，売掛金等の債権がある先について，買掛金，支払手形，借入金，預かり保証金等の反対債務があるときは，その売掛金等のうち，反対債務に対応する金額は貸金の額には含めないことになっている。

実績控除割合＝

分母と同一の各事業年度における実質的に債権と見られないものの合計額（実績）

÷

平成10年4月1日から12年3月31日までのあいだに開始した各事業年度末における売掛金等の合計額

ことが一般的です。

計上の方法としては，以下の３通りがあるので覚えておきましょう。

① 科目別間接控除法（原則）

………設定の対象となった勘定科目ごとに，これから控除する形式

② 一括間接控除法（例外，実務上多い）

………流動資産または投資その他の資産の区分から一括して控除する形式

③ 直接控除注記法（例外，あまり使われない）

………資産から控除後の残額のみの表示し，控除額を注記

⑵ 中小企業の場合は計上不足に注意する

中小企業の場合，そもそも貸倒引当金を設定（計上）していない場合があります。仮に計上してあった場合でも，法人税法上の法定繰入率によっていることが多く，計上額が不十分な場合がほとんどです。

引当金設定の対象とすべき債権の範囲と内容をよく確認し，引当不足の場合には，それらの金額を個別に見積もり修正することが重要です。

⑶ 一括評価か個別評価か

貸倒引当金は，通常は貸倒実績率や法定繰入率などによって一括評価することがほとんどですが，貸倒懸念債権及び破産更生債権について個別評価することになります。

この場合，債権を債務者の状況に応じて図表２－８のように区分して個別評価を行います。

法人の有する金銭債権が回収できないことになった場合は貸倒損失として償却することが当然であり，健全な財務処理として税法上もこれを認めています。

これに対して，まだ貸倒れが確定したわけではないが，一定の事実が生じたことにより不良債権化しているものについては，その年度にすでに損失が発生したものとして会計処理することが求められます。法人税

図表２－８　　債権区分に応じた個別評価の方法

区分	内容	見積方法
一般債権	経営状態に重大な問題が生じていない債務者に対する債権	貸倒実績率
貸倒懸念債権	経営破綻には至っていないが，債務の弁済に重大な問題が生じているかまたは生じる可能性の高い債権者に対する債権	・担保のない部分のうち，貸倒れが見込まれる部分 ・割引現在価値
破産更生債権	経営破綻または実質経営破綻の債務者に対する債権	担保のない部分の全額

法上の取扱いにおいても，取立見込額を個別に評価して，個別評価金銭債権としての繰入額を損金とすることが認められています。

貸倒引当金の繰入計上額は，会計上はきちんと見積もりをして適正額を計上したとしても，法人税法上の規定に照らして認められない場合は，いわゆる有税引当として損金算入が認められません。加えて，平成23年度の税制改正により，資本金１億円超の大法人については，平成24年４月１日以後開始する事業年度において，貸倒引当金の計上そのものが認められないこととなりました（一定の経過措置が設けられています）。

よって，上場会社などを除いた多くの企業では，法人税法上の規定に照らして貸倒引当金を設定している場合が多く，実態とかけ離れていないかどうかの入念な確認が求められます。

法人税法上の評価基準と繰入限度額は具体的には，次のようになります。

①　長期棚上げがあった場合

当該金銭債権が次に掲げる事由に基づいてその弁済を猶予され，または賦払により弁済される場合における当該金銭債権の額のうち，当該事由が生じた事業年度終了の日の翌日から5年を経過する日までに弁済されることとなっている金額以外の金額（担保権の実行等により取立て等の見込があると認められている部分の金額を除く）

(1) 会社更生法等の規定による更生計画認可の決定

(2) 民事再生法の規定による再生計画認可の決定

(3) 破産法の規定による強制和議の認可の決定

(4) 会社法の規定による特別清算に係る協定の認可

(5) 会社法の規定による整理計画の決定

(6) 法令の規定による整理手続によらない関係者の協議決定で，次に掲げるもの

㋑ 債権者集会の協議決定で合理的な基準により債務者の負債整理を定めているもの

㋺ 行政機関または金融機関その他の第三者のあっ旋による当事者問の協議により締結された契約でその内容が㋑に準ずるもの

② 実質基準

金銭債権（①の適用のあるものを除く）に係る債務者につき，債務超過の状態が相当期間（おおむね1年以上）継続しその営む事業に好転の見通しがないこと，災害，経済事情の急変等により多大な損害が生じたことその他の事由が生じていることにより，当該金銭債権の一部の金額につきその取立て等の見込がないと認められるときにおける当該一部の金額に相当する金額

③ 形式基準

金銭債権（①②の適用のあるものを除く）に係る債務者につき次に掲げる事由が生じている場合，当該金銭債権の額（実質的に債権とみられない部分の金額及び担保権の実行等により取立て等の見込があると認められる部分の金額を除く）の50%

(1)　会社更生法または金融機関等の更生手続の特例等に関する法律の規定による更生手続開始の申立て
(2)　民事再生法の規定による再生手続開始の申立て
(3)　破産法の規定による破産の申立て
(4)　会社法の規定による整理開始または特別清算開始の申立て
(5)　手形交換所（手形交換所のない地域にあっては，当該地域において手形交換業務を行う銀行団を含む）において取引の停止処分を受けたこと

④　外国の政府等に対する債権に係る繰り入れ

外国の政府，中央銀行または地方公共団体に対する金銭債権のうち，これらの者の長期にわたる債務の履行遅滞によりその経済的な価額が著しく減少し，かつ，その弁済を受けることが著しく困難であると認められる事由が生じている金銭債権の額（実質的に債権とみられない部分の金額及び担保権の実行等により取立て等の見込があると認められる部分の金額を除く）の50%

中小企業の場合，上記の基準の中で最も利用件数が多いのは③の形式基準による繰り入れです。本来は②の実質基準に該当するものも引当処理すべきですが，形式基準のように明確な基準がなく，計上に判断を要するため税務調査で否認されやすいため，中小企業ではあまり利用されていません。

③の形式基準では50%の繰入率ですから，実態は引当金計上額の倍額の不良債権が存在することとなります。銀行取引停止処分を受けたり，破産や再生手続が申立てられているような取引先の債権は，税法上はともかく立派な不良債権です。このような債権に対する引当金が存在する場合は，この勘定残高の倍額の不良債権があるとの見方をすることが重要です。

1　建物

Point

建物の取得価額は附属設備と区分した方が望ましいと判断され，かつ附随費用の処理も重要であるため，節税対策など含めてきちんと処理されているかを確認すること。

1　建物勘定の内容

建物勘定には以下のようなものが含まれます。

① 建物本体(事務所，営業所，店舗，工場，車庫，社宅，寮，倉庫，など)

② 建物附属設備(電気，ガス，給排水設備，空調工事，照明設備，など)

③ 賃貸している建物について行った内装等の内部造作

④ 不動産会社への仲介手数料など，建物を取得するに当たって要した付随費用

なお，②は「建物附属設備」，③は「造作」という勘定科目で処理する場合もありますが，決算書の表示は建物勘定に含めることも実務上はよくあります。

2　見方と判断ポイント

(1) 取得時の処理を確認する

建物を取得する場合，建物本体と附属設備は一体としての取得価額となっている場合がほとんどですが，附属設備のウェイトはおよそ30%前後であり，本体部分と附属設備では減価償却（費用化）のスピードが

異なるため，きちんと区分して計上することが重要です。附属設備部分は老朽化が早く，またトラブルなども多いため修繕や取替えの必要が生じます。適正に区分し正しい減価償却により早めに費用化することが節税面からも健全性の面からも望ましいといえるでしょう。

(2)　計上額を確認する

貸借対照表計上額は，取得価額から減価償却累計額を差し引いたものとなります。

なお，取得価額は以下のようになります。

①　購入した資産……その資産の購入代価に，購入手数料等の付随費用を加えた合計額

②　自己が建設，作製または製造をした資産……その資産の建設，製作または製造のために要した原材料費，労務費及び経費の額の合計額

(3)　付随費用の取り扱い

固定資産については共通しますが，その資産の取得にあたって支出した購入手数料，不動産取得税，登録免許税等の附随費用は原則として固定資産の取得価額に加算されます。なお，附随費用の内容により，取得価額に含めずに購入時の費用とすることも認められています。

すなわち，固定資産の取得価額に加算して減価償却の方法で費用化するか，取得時の費用とするかは企業の選択によるため，どのような処理をしているかを確認しておく必要があります。

2　機械及び装置

Point

企業の体力に応じた計画的な設備投資がなされているか，主要機械の制作年月日等を確認してチェックします。

累計償却率を確認し，保有している機械装置の状況を把握します。

1　機械及び装置勘定の内容

① 機械及び装置とは，機械及び装置並びにホイスト，コンベヤー，重機等の搬送設備，その他の附属設備など，企業が事業の用に供するために所有しているものです。

② 下請会社に対して製品の加工や部品の製作等のため機械等を貸与している場合は，その機械も含みます。

2　見方と判断ポイント

(1)　減価償却方法を確認する

減価償却資産すべてに共通していえることですが，固定資産の取得のために投下した額は見方を変えればその資産の使用可能期間を前提とした前払費用です。すなわち，機械装置を取得するために投下した額は，生産活動のために用役提供される期間に応じて各期に費用配分する必要があり，これが各期の減価償却費ということになります。

特に機械装置は，一般的に投下する金額も大きく，その使用や時の経過により経年劣化するスピードが速く，また，新しい機械などの出現によりすぐに陳腐化します。

正しい減価償却費の計算をして各期に費用配分をしないと投下資本の

回収はされませんし，正しい期間損益の把握はできません。きちんと減価償却がなされているか，そのうえで適正な利益を確保できているか，ということを確認することが大切です。

(2)　償却累計率をチェックする

$$償却累計率 = \frac{減価償却累計額}{機械装置 + 減価償却累計額}$$

償却累計率が高い場合は，償却の済んだコストの安い機械を使っているという実態が見えてきます。また，古い機械が多いということになります。もちろん，償却累計率が低い場合はこの逆のことがいえますので，よく確認して，企業の保有している機械装置の状況を把握し，業績と併せてよくヒアリングなどすることが重要です。

(3)　法人税法上の特例を確認する

中小企業などの大多数の企業は，法人税法に基づく減価償却の方法をそのまま採用していることがほとんどです。よって，企業の分析にあたっては法人税法上の減価償却方法を理解することが重要となります。

特に，機械装置の場合はその取得に対して特別償却や税額控除など特例があることが多く，このような特例（企業にとって有利な規定）をきちんと適用して処理しているか，なども粉飾決算をチェックするためには重要な判断要素です。

(4)　耐用年数の注記や法人税申告書の記載にも注意する

機械装置の法定耐用年数は，材質・製作方法などや操業度なども標準的な資産を対象としているため，法人税法では特例として以下のような制度を設けています。

①**耐用年数の短縮**……………材質・製作方法が通常のものと異なる資産に適用する

②増加償却……………………平均的使用時間を超える場合の損耗に対応する

これらは財務諸表に注記することになっていますので，適用されているかを確認することが大切です。

また，(2)でも触れましたが，特に中小企業等が機械装置等を取得した場合は，政策的な面より特別償却や割増償却の制度があるため，まずは普通償却が適正に行われているかどうかを確認し，あわせて特別償却などについてもフル活用されているかも見ておく必要があります。これらは，法人税申告書別表十六㈡の「定率法による減価償却資産の償却額の計算に関する明細書」（定額法の場合は別表十六㈠）を参照することにより確認することができます。

図表２－９　定率法による減価償却資産計算書

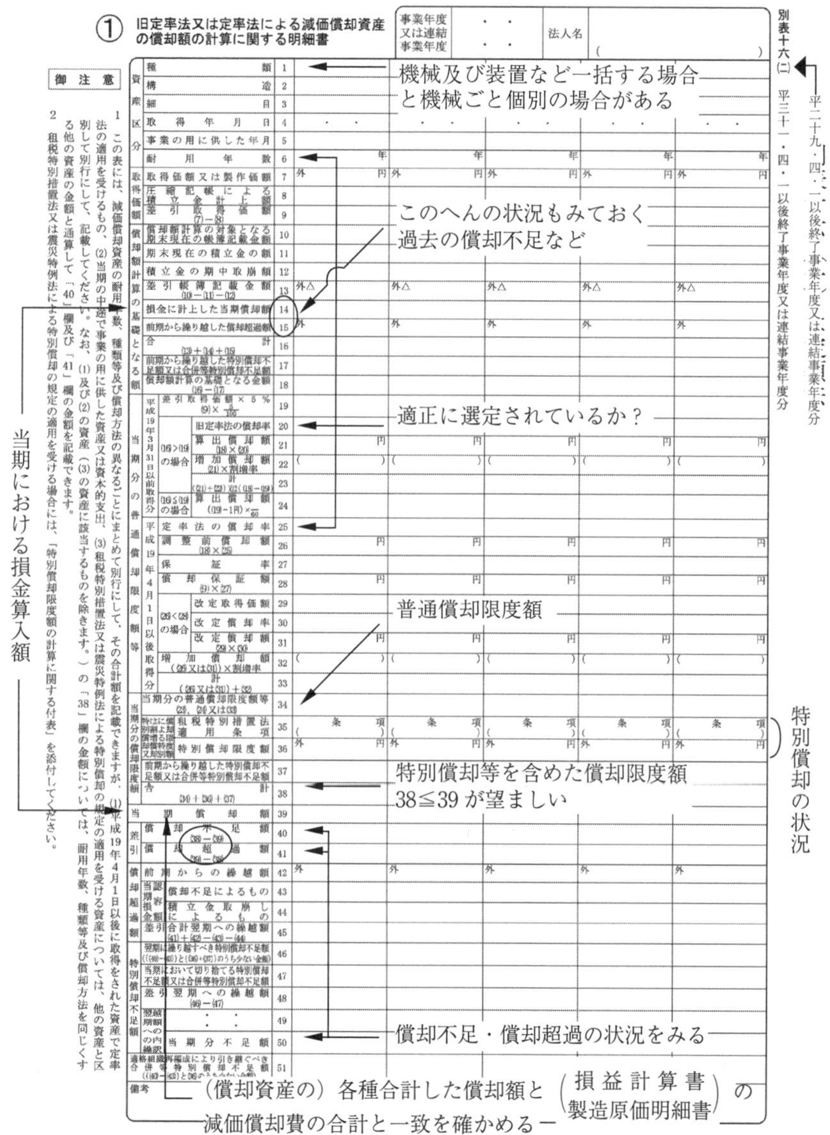

① 旧定率法又は定率法による減価償却資産の償却額の計算に関する明細書

事業年度又は連結事業年度　・・／・・　法人名（　　）

別表十六(二)　平二十一・四・一以後終了事業年度又は連結事業年度分

資産区分	種類	1
	構造	2
	細目	3
	取得年月日	4
	事業の用に供した年月	5
	耐用年数	6
取得価額	取得価額又は製作価額	7
	圧縮記帳による積立金計上額	8
	差引取得価額 (7)－(8)	9
償却額計算の基礎となる額	償却額計算の対象となる期末現在の帳簿記載金額	10
	期末現在の積立金の額	11
	積立金の期中取崩額	12
	差引帳簿記載金額 (10)－(11)－(12)	13
	損金に計上した当期償却額	14
	前期から繰り越した償却超過額	15
	合計 (13)＋(14)＋(15)	16
	前期から繰り越した特別償却不足額又は合併等特別償却不足額	17
	償却額計算の基礎となる金額 (16)－(17)	18
当期分の普通償却限度額等（平成19年3月31日以前取得分）	差引取得価額×５％ (9)×5/100	19
	(16)＞(19)の場合　旧定率法の償却率	20
	算出償却額 (18)×(20)	21
	増加償却額 (21)×割増率	22
	計 ((21)＋(22))又は((18)－(19))	23
	(16)≦(19)の場合　算出償却額 ((19)－1円)×1/60	24
当期分の普通償却限度額等（平成19年4月1日以後取得分）	定率法の償却率	25
	調整前償却額 (18)×(25)	26
	保証率	27
	償却保証額 (9)×(27)	28
	(26)＜(28)の場合　改定取得価額	29
	改定償却率	30
	改定償却額 (29)×(30)	31
	増加償却額 ((26)又は(31))×割増率	32
	計 ((26)又は(31))＋(32)	33
	当期分の普通償却限度額等 (23)、(24)又は(33)	34
当期分の償却限度額	特別償却又は割増償却による特別償却限度額　租税特別措置法適用条項	35
	特別償却限度額	36
	前期から繰り越した特別償却不足額又は合併等特別償却不足額	37
	合計 (34)＋(36)＋(37)	38
当期償却額		39
差引	償却不足額 (38)－(39)	40
	償却超過額 (39)－(38)	41
償却超過額	前期からの繰越額	42
	当期損金認容額　償却不足によるもの	43
	積立金取崩しによるもの	44
	差引合計翌期への繰越額 (41)＋(42)－(43)－(44)	45
特別償却不足額	翌期に繰り越すべき特別償却不足額 (((40)－(43))と((36)＋(37))のうち少ない金額)	46
	当期において切り捨てる特別償却不足額又は合併等特別償却不足額	47
	差引翌期への繰越額 (46)－(47)	48
	翌期への繰越額の内訳　・・	49
	当期分不足額	50
適格組織再編成により引き継ぐべき合併等特別償却不足額		51
備考		

御注意

1　この表には、減価償却資産の耐用年数、種類等及び償却方法の異なるごとにまとめて別行にして、その合計額を記載できますが、(1)平成19年4月1日以後に取得をされた資産で定率法の適用を受けるもの、(2)当期の中途で事業の用に供した資産又は資本的支出、(3)租税特別措置法又は震災特例法による特別償却の規定の適用を受ける資産については、他の資産と区別して別行にして、記載してください。なお、(1)及び(2)の資産（(3)の資産に該当するものを除きます。）の「38」欄の金額については、耐用年数、種類等及び償却方法を同じくする他の資産の金額と通算して「40」欄及び「41」欄の金額を記載できます。

2　租税特別措置法又は震災特例法による特別償却の規定の適用を受ける場合には、「特別償却限度額の計算に関する付表」を添付してください。

3　土地

Point

貸借対照表の中で，含み益や含み損を最も大きく抱えている可能性のある勘定科目は土地です。

借入金とひも付きになっている場合は特に注意して担保の設定状況や資金繰りなどをチェックします。

1　土地勘定の内容

① 企業が所有する社屋・工場・倉庫・事務所・保養所・社宅などの敷地や運動場などが土地勘定に含まれます。

② 不動産業者などが販売目的で所有するものは棚卸資産，値上がりを待って売却するために所有するものは投資その他の資産に投資不動産として計上され，この勘定には計上しません。

2　見方と判断ポイント

(1)　含み益や含み損がないかを確認する

土地勘定を見る際は，取得価額（帳簿価額）と時価との差，すなわち含み益や含み損がどの程度かという点を把握することが大切です。

例えば，バブル期などに投資目的などで取得した土地は大きな含み損を抱えているというケースが大半で，さらに借入金の返済負担などで企業経営を圧迫していることもあります。

保有している土地について，取得時期及び取得価額，地形，利用状況，時価を調べ，過大計上（または過少計上）となっていないかを必ず確認してください。土地の時価は，近隣の取引事例価格や路線価などを調べたうえで，ある程度把握することが可能です。

(2)　担保設定の状況をチェックする

多くのケースで，企業が保有している土地には担保設定がなされています。よって，まずは不動産登記簿謄本などを閲覧することが肝要です。

担保の設定状況を調べ，今後の調達余力などを把握し，さらに企業の姿勢を伺います。担保設定の状況により，金融機関に対する信用度を図ることもできますし，複数物件を重層的に入担している場合などは企業が資金繰りに追われている可能性も高いことが多いため注意が必要です。

4　その他の有形固定資産

Point

適正な減価償却を行っていない企業は，その他の箇所でも粉飾を行っている可能性があるので注意が必要です。

1　その他の固定資産勘定の内容

① 前述した有形固定資産以外で主なものには，構築物，車輌運搬具，船舶，工具器具備品（什器備品）などあります。構築物を除き，これらは計上する資産の内容と勘定科目の表示が一致している場合がほとんどです。

② 構築物とは，花壇，塀，広告塔，舗装道路，上下水道，タンク・貯水池などをいい，一般的には建物以外の土地の邸宅物が構築物となります。

2　見方と判断ポイント

(1) 適正に減価償却がされているかを確認する

建物や機械装置の項目でも触れましたが，減価償却資産は使用や時の経過などによりその価値が減少するため，減価償却の方法により各事業年度に費用配分します。車輌運搬具や工具器具備品などは特に耐用年数も短く，建物などに比べて償却率が高いため減価償却額が大きくなります。

黒字決算とするために減価償却費を一部計上しない，という粉飾決算も多く見受けられますので，適正に減価償却が行われているかどうかを資産台帳や法人税別表などできちんと確認することが必要です。

(2)　資産の状況を把握する

中古で取得した資産や短い耐用年数の資産は相当な含み益の資産となっている場合がありますので，耐用年数や用途，管理状況などを含めて一通りの確認はしておきましょう。

5　リース資産（参考）

Point

リース会計基準は公開企業等に適用されるので，中小企業に関しては所有権移転外ファイナンスリースについて，従来どおりの賃貸借処理が可能となります。したがって，中小企業においてはリース資産を計上しているところは少ないと思われますので，特に留意することは無いでしょう。

1　リース資産勘定の内容

① 新リース会計基準の適用により，平成20年4月1日以降に契約した所有権移転外ファイナンス・リース取引は売買取引として取り扱われることとなり，これらはリース資産として資産計上し，減価償却費を計上します。

② 新リース会計基準の適用前までは，所有権移転外ファイナンス・リース取引はリース料の支払時にリース料や賃借料として経費処理（賃貸借処理）を行っていました。

③ リース契約の種類には，所有権移転外ファイナンスリース，所有権移転ファイナンスリース，オペレーティングリースとありますが，ほとんどのリース契約は所有権移転外ファイナンスリースです。

1　無形固定資産の概要

Point

特許権や実用新案権など将来収益をもたらす可能性のあるものについては積極的に評価します。

法人税法上の無形固定資産等，資産としての実体のないものは資産総額から除いて判断しましょう。

1　無形固定資産の内容

無形固定資産の主なものには以下のようなものがあります。

① 電話加入権

② 施設利用権

③ 工業所有権

④ 特許権

⑤ 実用新案権

⑥ 商標権

⑦ 意匠権

⑧ 営業権

⑨ 借地権

⑩ ソフトウェア

上記の他，法人税法では次のようなものを無形固定資産に計上して減価償却すべきとしています。

⑪ 専用側線利用権，鉄道軌道連絡通行施設利用権，電気ガス供給施設利用権，水道施設利用権，工業用水道施設利用権，電気通信施設利用権

図表２－10　無形減価償却資産の耐用年数表

種　類	細　目	耐用年数
漁業権		10
ダム使用権		55
水利権		20
特許権		8
実用新案権		5
意匠権		7
商標権		10
ソフトウェア	複写して販売するための原本	3
	その他のもの	5
専用側線利用権		30
鉄道軌道連絡通行施設利用権		30
電気ガス供給施設利用権		15
熱供給施設利用権		15
水道施設利用権		15
工業用水道施設利用権		15
電気通信施設利用権		20

２　見方と判断ポイント

取得価額から減価償却累計額を差し引いた未償却残高が貸借対照表計上額となりますが，減価償却については，償却が認められるものと認められないものがあるので確認が必要です。

例えば，借地権や電話加入権については価値の減少はありませんので償却の対象とはなりません。その他のものについては以下のように規定されています。

ところで，営業権はその存続期間や効力を見積もることが困難なため，会社法上では５年以内の毎期均等額以上の償却が求められています。これに対して，法人税法では会社法の規定に関わらず５年間で均等償却することとされています。

2　のれん（営業権）

Point

法人税法上は，官公庁の登録や許認可に基づく権利も営業件に含めており，例えば次のようなものがあります。

①　タクシー会社のナンバー権
②　繊維工業の精防機の登録権利
③　許可漁業の出漁権など
④　繊維機械の登録権利

1　営業権勘定の内容

営業権（のれん，暖簾）は，法律上の権利ではありませんが，他の企業よりも多く収益を獲得することができる超過収益力を意味します。

これらの具体例としては次のようなものがあります。

①　老舗のブランドや名声
②　製品・技術や生産上の優位性やノウハウ
③　得意先や仕入先などの関係や営業上の秘訣
④　従業員の質
⑤　経営組織力

ところで，ノウハウや技術といった無形のものは原則として資産計上の対象とはなりません。よって，会社法も企業会計原則も自己創設の営業権は認めていません。しかし，例外として，例えば次のような場合に限り営業権勘定を用いて貸借対照表に資産計上することができます。

①　営業譲渡
②　企業を買収により取得した場合

企業結合会計基準によれば，営業権（のれん）は原則として20年以内のその効果の及ぶ期間に渡って定額法その他の合理的な方法により規則的に償却します。償却費は販売費及び一般管理費に計上することとし，減損処理以外の事由では特別損失に計上できません。

法人税法では，会社法の規定に関わらず5年間均等償却することとしています。

3　借地権

Point

同族会社の場合は借地権があるにもかかわらず貸借対照表も計上されていないか，計上されていても時価と乖離しているケースが多くなっています。

使用貸借によるケースでは権利金等は発生しないため，契約内容や地代の支払状況などをチェックします。

1　借地権勘定の内容

借地権とは，他人の所有する土地を利用するための地上権や賃借権を言います。土地の所有者が他人に土地を使用させる行為（借地権の設定）をした場合の対価として支払われた金額がこの勘定科目に含まれることになりますが，借地権の計上額（取得価額）には次のようなものが含まれます。

①　権利金（契約時に支払った金額のうち，返還されないもの）

②　更新料（更新時に支払った金額）

③　承諾料（建物等の増改築時に支払った金額）

④　賃借した土地の地ならし，地盛り，埋立てなど土地の整地や改良に要した改良費

⑤　仲介手数料（借地契約の際に支払った手数料）

⑥　借地権とともに取得した建物等の取壊し費用

2　見方と判断ポイント

借地権の時価は一般に，更地としての土地の価額に借地権割合を乗じ

て算出しますが，同族会社など，オーナー所有の土地を賃借している場合は借地権設定時に借地権の対価（権利金など）を支払っていないケースが多く見受けられます。このようなケースでは借地権は相当な含み資産となっているにもかかわらず，貸借対照表上に借地権勘定が表示されません。仮に計上されている場合でも，通常オーナーに支払う権利金は少額のため，借地権設定から後の地価の上昇により時価との差が大きい場合が多いので，含み資産としての部分がどのくらいとなっているかを確認しておく必要があります。

借地権割合はその土地の所在地域の慣行によることになりますが，一般には路線価図に表示されている借地権割合を参考に地価に乗じて一応の評価のメドとします。

1　投資その他の資産（全般的事項）

Point

投資その他の資産から企業のグループ戦略などをとらえ，関連会社の状況をきちんと読み取ることが重要。

役員への長期貸付金等がある場合は，貸付理由や返済スケジュールを必ず確認します。

1　投資勘定の内容

投資その他の資産とは，固定資産のうち有形固定資産，無形固定資産，繰延資産に属するもの以外のもので，企業の経営支配，取引関係の維持，長期的な余裕資金の運用などのための長期的外部投資と，長期前払費用，破産債権，再生債権，更生債権，その他の長期債権などから構成されています。

財務諸表等規則の例示によると，具体的には図表２－11のようなものがあります。

図表２－11を見れば明らかなように，投資その他の資産に計上される項目の範囲は相当に広いのですが，これらをまとめるとおおよそ以下のように分類することができます。

①　関係会社株式などその他流動資産に属さない有価証券
②　支配目的や営業上の必要による資本参加や融資
③　利殖目的の長期投資
④　その他の長期性資産

2　見方と判断ポイント

中小企業においては，①投資有価証券，②出資金，③差入保証金，④敷金，⑤保険積立金，⑥長期貸付金などの勘定科目が計上されていることが多いでしょう。

特に子会社や関係会社，役員等が相手先となっているか否かに注意を払い，議決権の保有状況や支配や影響を与えると判断できる一定の事実を基に，その企業の実態を把握するようにします。

具体的には以下のような項目に着眼します。

①　どのような企業や金融機関と密接な関係にあるか

②　その関係が営業取引や生産関係にどのような影響し円滑な取引に結びついているか

③　関連会社の役割

④　投資額の変化の状況

⑤　役員に対する高額な貸付けなどが含まれていないか

図表２－11　投資その他の資産の種類

投資その他の資産			
投資有価証券		×××	
関係会社株式		×××	
関係会社社債		×××	
出　資　金		×××	
関係会社出資金		×××	
長期貸付金	×××		
貸倒引当金	×××	×××	
株主，役員又は従業員に対する長期貸付金	×××		
貸倒引当金	×××	×××	
関係会社長期貸付金	×××		
貸倒引当金	×××	×××	
破産債権，更生債権その他これらに準ずる債権	×××		
貸倒引当金	×××	×××	
長期前払費用		×××	
投資不動産	×××		
減価償却累計額	×××	×××	
…………		×××	
投資その他の資産合計		×××	
固定資産合計			×××

2　長期貸付金

Point

一般企業において貸付金勘定があることは通常は望ましくありません。

貸付金の計上がある場合は，企業体力に見合っているか，回収は可能か，調達コストに見合うリターンはあるかなどを詳細に確認します。

1　長期貸付金の内容

① 長期貸付金とは，金銭等を貸し付けた場合に生じる債権で，返済期限が貸借対照表日（決算日）の翌日から起算して1年を超えて到来するものをいいます。

② 返済期限が1年以内のものは短期貸付金に計上します。

③ 当初の契約において長期貸付金とした債権のうち，貸借対照表日（決算日）の翌日から起算して1年以内に返済期限が到来するものは「1年内返済予定長期貸付金」として流動資産へ振替計上をします。

④ 関係会社や外注先などへの設備資金や運転資金，役員や従業員に対する貸付などは，原則的には関係会社貸付金，従業員貸付金，役員貸付金などのように具体的な科目で別建てとします。ただし，重要性の原則により，これらの金額が少額の場合には一括表示しても差し支えありません。

2　見方と判断ポイント

貸付金勘定において確認すべきポイントは，貸付理由と回収可能性です。

したがって，以下のようなポイントに留意して詳細をチェックする必要があります。

① 突出した金額の融資はないか
② 融資する理由は明確であるか
③ 役員に対する不明朗な多額の融資はないか
④ 回収の可能性，返済スケジュールはどうなっているか
⑤ 担保の有無
⑥ 市場金利などに見合った利子は受取っているか
⑦ 既に回収不能となっている先はないか
⑧ 総資産に占めるウェイトが高すぎないか
⑨ 貸倒引当金は適正に設定されているか

金融業などを除いて，一般の企業に貸付金勘定があることは望ましいことではありません。子会社などへの累積赤字のつけ込みや役員の住宅取得のための資金など，本来の営業活動とは関係のない資金の流出が見られる勘定であるため，注意が必要です。

3　長期前払費用（法人税法上の繰延資産）

Point

計上根拠は適正か，償却は正確に早期に行われているか，などを必ず確認します。

1　長期前払費用の内容

① 長期前払費用とは，前払費用のうち，貸借対照表日の翌日から起算して1年を超える期間を経て費用となるものを言います。

② 上記のほか，法人税法では，法人の支出する費用のうち

1) その支出の効果が1年以上に及ぶもので前払費用とされないものは繰延資産として

2) その支出の効果の及ぶ期間を基礎として償却する

こととされており，これらは貸借対照表上，長期前払費用の勘定に計上されます。

なお，法人税法上の繰延資産のうち，支出の金額が20万円未満のものは，支出の日の属する事業年度の損金とすることができます。

税法上の繰延資産を例示すると以下のとおりです（会社法上の繰延資産については次項を参照）。

① 公共的施設の利用権（負担金）

……道路建設負担金，上下水道建設負担金など

② 共同的施設の利用権（負担金）

……協会や組合，商店街などが共同で行うアーケードの設置費用

……協会等の会館建設負担金など

③　資産の賃借権，ノウハウの頭金等

……建物を賃借するために必要な敷金，保証金，権利金，立退料

……電子計算機などの機器の賃借料など

④　広告宣伝用資産の贈与（贈答）費用

……自社の広告宣伝のために，特約店などへ看板，ネオンサイン，陳列棚などを贈与した場合の費用

⑤　その他，自己が便益を受けるために支出する費用

……職業スポーツ選手との契約金，同業者団体などの加入金・加盟金，出版権の設定の対価，スキー場のゲレンデ整備費用など

２　見方と判断ポイント

税法上の繰延資産が計上されている場合は，その計上根拠を確認し，また，適正な償却がなされているかを確認することが重要です。計上されているにもかかわらず，適正な償却がなされていない場合等は，決算書の見た目を良くするための粉飾決算の疑いもあるため，注意が必要です。

なお，法人税法上，繰延資産の償却については，図表2－12のようになっています。

図表２－12　税法上の繰延資産の償却期間

種　類	区　分	償却期間
公共的施設の設置または改良のために支出する費用	施設等が負担した者によってもっぱら使用される場合	施設等の耐用年数×7/10
	上記以外	施設等の耐用年数×4/10
共同的施設の設置または改良のために支出する費用	施設が負担者または構成員の共同の用または協会等の本来の用に供される場合	施設の耐用年数×7/10（土地の取得に充てられる部分は45年）
	アーケードなど負担者とともに一般公衆の用にも供される場合	原則5年 施設の耐用年数が5年未満であればその年数
建物を賃借するために支出する権利金等	建物賃借部分の建設費の大部分に相当する権利金を支払い，かつ事実上建物の存続期間中賃借できる場合	建物の耐用年数×7/10
	借家権として転売できる場合	建物の耐用年数×7/10
	その他の場合	原則5年
ノウハウの頭金		原則5年
広告宣伝用資産の贈与費用		資産の耐用年数×7/10（5年を超える場合は5年）

1　繰延資産（会社法上の繰延資産）

Point

税法上の繰延資産と同様に，計上の適正性を把握し，適正な償却がなされているか，粉飾決算の疑いがないかなどを確認します。

1　繰延資産勘定の内容

繰延資産とは，

1　既に対価の支払が完了し，または，支払義務が確定し

2　これに対応する役務の提供を受けたにもかかわらず

3　その支出の効果が将来にわたって（1年以上）発現するものと期待される

費用のことをいいます。

会社法上の繰延資産は以下の５つとなっています。

①　創立費

②　開業費

③　開発費

④　株式交付費

⑤　社債等発行費

2　見方と判断ポイント

繰延資産は，貸借対照表上は資産の部に計上されますが，固定資産等とは異なり，財産的価値を有していない（換金性が無い）という点を理解することが最も重要です。

代価の支払が完了等し役務の提供も受けている費用は，本来はその期

の損益計算書で費用処理されるべきです。繰延資産のように支出の効果が将来にわたって及ぶ場合は，費用収益対応の原則により，費用を将来の収益と対応させるために，当該支出をいったん資産として計上し，その計上した資産につき償却(費用化)という手続をとることで，一時期にかかった費用を次期以降に配分することを認めたものにすぎません。よって，繰延資産には財産的価値が無い，ということになります。

そこで，会計上は繰延資産として計上することが適当であると認められるものは繰延資産として計上することを認めていますが，早期に償却することが求められています。

税法上の繰延資産と同様に，繰延資産が計上されている際には，その計上根拠を確認し，また，適正な償却がなされているかを確認することが重要です。

なお，減価償却資産と繰延資産との違いは，前者は規則的な償却が法的に強制されていることに対し，後者は任意に償却額を決定できることです。つまり，繰延資産を償却していないことは望ましい処理ではありません。

1　支払手形

Point

適正残高と回転期間を確認し，異常値の場合は原因を確認します。

設備支払手形がある場合には，売上高などから決済可能な金額であるかを確認します。

融資手形の存在は資金繰りに悪影響を与える可能性があるため注意しましょう。

1　支払手形勘定の内容

① 支払手形とは，企業の業務上の取引（営業活動）において，支払のため振り出された約束手形や為替手形を言います。主に商品や原材料などの支払のために取引先に渡した手形がこの勘定科目に入ります。

② 固定資産の取得のために振り出された手形は「設備関係支払手形」として別建て表示することが原則です。この場合，支払期日が決算日より１年以内のものは流動負債に，１年を超えるものは固定負債に表示します。

2　見方と判断ポイント

(1)　通常の支払手形と設備等支払手形を分類する

実際の決算書上では，通常の支払手形と設備等支払手形がきちんと別建表示されていることは少ないため，通常の営業活動以外で振出された手形についてはその内容を把握するようにします。これらの内容を把握することにより，資金繰り面などを正確に把握することができると同時に，後述する回転期間分析にも役立ちます。

(2) 売上高や取引高と整合性があるかを確認する

通常の営業活動に基づく本来の支払手形については，科目明細などから支払人別残高や支払月別決済期日到来残高を把握し，金額の多い支払先を中心に以下のような項目をチェックします。

① 主要仕入先にはどのような相手先があるか

② 仕入高と決済期日到来手形との間に金額や期間の整合性はあるか

③ 支払手形残高が多額の場合は，融通手形などはないか，単なる季節変動要因によるのか

(3) 融通手形の有無を調査する

融通手形については，受取手形についても同一先や同金額のものがあることが多いので，両方の科目明細を照合してチェックします。すでに把握している支払期日と異なる決済日や，支払場所が通常の決済銀行と異なる場合などは融通手形が存在する可能性があるため，注意して分析することが肝要です。本来，手形の支払は仕入先に振り出すものですので，それ以外の取引先に手形を振り出している先については要注意です。

(4) 支払手形の正常残高を把握する

支払手形の正常残高は以下の算式によって算出することができますので，帳簿上の振り出し残高と概ね一致するかどうかをまずは確認します。

支払手形正常残高 ＝ 月間仕入高 × 手形支払率 × 手形サイト

支払手形残高が過大な場合は，それが季節要因などによる正常な範囲のものであるか否かを確認し，異常であればその原因を追及します。

また，支払手形回転期間を以下の算式により確認し，手形サイトが決済条件と一致しているかなどを確認します。

$$支払手形回転期間（日） = \frac{支払手形残高}{売上高} \times 365日$$

支払手形回転期間は，支払手形の支払いまでの期間を表す指標ですので，この期間が短い場合は短期間で支払わなければならないことを意味し，長い場合は支払いまでに時間的余裕があることを意味しています。

これらの分析は，過去の実績や同業他社との比較によって行い，買掛金・支払手形のサイトに異常がないかを確認します。受取手形や売掛金とは逆に，支払手形のサイトが長いということは資金繰にとっては有利と言えますし，また，仕入先よりも優位な立場にあると考えることもできます。しかし，手形残高が異常に大きな場合や回転期間が異常に長い場合は，資金繰りが苦しい状況であることも予想されるため，このあたりをしっかりと確認することが重要です。

2　買掛金

Point

取引条件を把握し，正常残高と貸借対照表残高の整合性をチェックします。

回転期間分析を行い，異常値の場合には要因を追及します。

1　買掛金勘定の内容

① 買掛金とは，通常の営業活動において，仕入先との間における通常の取引に基づいて発生した営業上の債務をいい，主に商品や原材料等の仕入代金や役務の受入による未払金がこの勘定科目に計上されます。

② 買掛金には，通常の取引に基づいて発生した役務の提供による営業上の未払金，例えば，電気・ガス・水道料・外注加工賃等の未払額を含めることができます。

③ 建設業では，「工事未払金」という勘定科目を使います。

2　見方と判断ポイント

(1)　支払条件など取引条件を確認する

企業は，通常は毎月一定の日を締日として，その締日までに発生した未払金を一定の日に支払うことになるため，支払条件などの取引条件をまず確認しておくことが重要です。

取引条件を確認したら，買掛金の月次平均残高等を計算し，運転資金の必要量等を見極めます。また，月末残高等を時系列に追うことによって，支払が滞っていないか，資金繰りは安定しているかなどをチェックします。

⑵　仕入債務の回転期間を見る

企業が仕入れなどをする場合においては，買掛金として未払いとなることが通常です。そこで,支払手形と合わせて買掛金回転期間を分析し,企業の戦略や資金繰りなどと併せて多面的に分析することが肝要です。

$$\text{買掛金回転期間（日）} = \frac{\text{買掛金}}{\text{売上高}} \times 365\text{日}$$

$$\text{仕入債務回転期間（日）} \quad \frac{\text{支払手形} + \text{買掛金}}{\text{売上高}} \times 365\text{日}$$

支払手形のページでも触れましたが，これらの回転期間は仕入債務の支払いまでの期間を表す指標で，短ければ短期間で支払わなければならないことを意味し，長ければ支払いまでに時間的余裕があることを意味しています。過去の実績や同業他社との比較により，買掛金サイトに異常がないかを確認します。

回転期間が短期化している場合には以下のような要因が考えられます。

①　取引先との力関係により，短いサイトによる不利な取引条件を押し付けられている。

②　現金仕入や支払サイトの短縮化により，仕入単価などの引き下げを行っている。

長期化している場合は，通常は支払期間が延びるため運転資金に余裕が生じ有利なようにみえますが，適正水準と乖離している場合には以下のような問題がある可能性を考えます。

①　資金繰りに窮しているため，決済日を後に伸ばしている。

②　支払サイトを延ばすことを条件に，他の取引先よりも割高の仕入を強いられている。

③　取引先のために融通手形を発行している。

3　短期借入金

Point

金融機関以外からの借入金がある場合は要注意。
資金使途と返済条件を確認し，資金繰や経営状況まで気を配るようにしましょう。

1　短期借入金勘定の内容

① 短期借入金とは，決算日の翌日から起算して1年以内に返済期日の到来する借入金をいいます。

② 長期借入金のうち，決算日の翌日から起算して1年以内の約定返済分は，ワンイヤールールにより「1年以内返済長期借入金」として流動負債の部に計上します。

③ 借入金の相手先には，金融機関，関係会社，得意先，仕入先，役員や従業員が主な借入の相手先となります。関係会社や役員からの借入金については，「関係会社借入金」や「役員借入金」などの名称により別勘定科目で処理することが原則ですが，一般的には短期借入金の勘定にまとめて計上されていることが多いようです。

2　見方と判断ポイント

(1) 借入先別に分類把握する

借入先は金融機関だけとは限りませんので，まずは借入先別に分類し実情を把握します。一般的に考えて，金融機関以外からの借入金があることはそれだけ正規ルートによる資金調達力に乏しいといえます。

消費者金融やノンバンクなどからの借入がある場合は特に要注意で

す。企業が所有している不動産等への担保設定状況等と併せて資金繰の実態を注意深く観察する必要があります。取引先などからの借入についても，取引条件等にしわ寄せが及ぶ可能性が強く感心できるものではありません。

社長など役員からの借入については，一般的には資本金と同様に自己資本に準じる安定的資金といえる面がありますが，単に経費のつけ込み分を処理する勘定であったり，社長個人をクッションとしてノンバンクなどからの借入金がある場合もあるため，総勘定元帳などからも資金の流れを確認しておくとよいでしょう。

⑵　資金使途と返済条件を確認する

次に，借入金を使途別に分類し，返済条件がその使途に合致しているかを確認します。設備資金として借り入れた資金を運転資金に回したり赤字の子会社などへ融通したりすることはよくみられますので注意が必要です。また，経常的な運転資金を１ヵ月サイトの借入に依存しているとか，納税資金が長期の返済となっていないかなど，使途と返済条件の整合性をチェックします。

⑶　売上債権・在庫残高との整合性を見る

借入金があるということは，それが運転資金か設備資金であるかに関わらず，資金が営業活動に投下されたこととなりますので，資金運用面である売上債権や在庫残高など資産勘定との整合性はどうなっているかを確認する必要があります。

運転資金に投下されていれば将来の売上となって回収されるはずですし，設備などを購入したのであれば固定資産として計上され減価償却がされるはずです。資金の運用面を他の勘定科目との整合性で確認し，また，社長や経理担当者等に十分にヒアリングすることが重要です。

4　未払金

Point

長期間未払いとなっている先については内容を確認します。

固定資産などの支払いの場合は，購入目的や支払資金の調達見込みなどをチェックします。

1　未払金勘定の内容

① 未払金とは，通常の取引に関連して発生する未払金で買掛金以外のものをいいます。

② 通常は，固定資産や有価証券など資産の購入その他通常の取引以外の取引によって債務が発生した場合に未払金勘定に計上されます。

③ 未払金のうち，支払期日が決算日の翌日から起算して1年を超えて到来するものについては，固定負債の部に「長期未払金」として計上されます。

2　見方と判断ポイント

似たような勘定科目に買掛金や未払費用があり，会計上は厳密に取扱いが異なりますが，実務上は混同して計上されている決算書が多々あります。モノやサービスの給付が終わり代金が未払いのものや支払期日が確定したもの，決算時期の到来しているものは未払費用でなく未払金となりますので覚えておきましょう。

未払費用というと経費の未払いと勘違いする方も多いのは確かですが，実務上はあまり気にする必要はありません。買掛金などと併せて，勘定科目内訳書などから内容だけはきちんと把握しておくようにしましょう。また，長期にわたって残高が残っているような場合などは資金繰りに窮している可能性もありますので，時系列に残高の相手先を確認しておくことも重要です。

5　前受金

Point

受注形態が前受金を必要とするような業種でない場合は，得意先から資金援助を受けている可能性があります。

1　前受金勘定の内容

① 前受金とは，得意先との通常の営業取引において，商品や製品の販売代金，役務提供の対価など物品の引渡しやサービスの提供に先立ち，代金の一部または全部として契約金や手付金，内金などとして受け入れた場合に一時的に処理する勘定です。

② 建設業では，「未成工事受入金」という勘定科目を使います。

2　科目の見方と判断のポイント

前受金勘定が計上されるのは，建設業や不動産業など特定の業種であるケースが多く，継続的な仕入・販売形態の業種ではあまり前受金勘定が計上されることはないでしょう。建物等の建設や特注機械製作を請負った場合や，賃料の前受けなどの場合に見受けることが多い科目です。個別的に発生するケースが多いので，科目明細などにより該当する商品や製品，サービス等の受注について手配が行われているか，裏付けと実態を把握するようにしましょう。

また，金融調達力の乏しい取引先に手形を発行して支援するケースの融通手形もこの勘定で受入れる場合があります。前受金として処理されていない場合は，「仮受金」「前受収益」「預り金」などで処理されている可能性が高いため，周辺科目と併せて確認するようにしましょう。

なお，自社商品券を発行した場合は，いったんは前受金として処理し，商品やサービスの引き渡しを終えた時点で売上に計上することとなります。売上を前倒し計上していないかなど，売上計上の時期にも注意します。

6　預り金

Point

納付すべき源泉所得税や社会保険料などが，未納付のまま残高としてある場合は要注意。

1　預り金勘定の内容

① 預り金とは，役員や従業員などから一時的に預った金額を処理するのに利用される勘定科目で，一般的には，報酬や給与・賞与から天引きした源泉所得税，住民税，社会保険料などが預り金の主なものです。

② ①の他，取引先との間に生じるものとして，短期の営業保証金やリベート支払時期までの預り金などもこの勘定科目で処理されることがあります。

2　見方と判断ポイント

他の勘定科目に比して特に注意を要する点は少ないのですが，以下のような項目は最低限チェックしておきましょう。

① 預ったまま長期に渡って残高があるものはないか

② 源泉徴収した所得税や社会保険料などは期日に納付しているか

③ 役員からの借入金などが混在していないか

7　引当金（全般的事項）

Point

引当金は会計上と税務上の取り扱いが違うので，中小企業では計上していないことが多くなっています。

1　引当金勘定の内容

① 引当金とは，将来発生すると予測される大きな損失や費用（支出）に備えるため，あらかじめ当期の費用・損失として繰り入れて準備しておく見積金額をいいます。

② 引当金は評価性引当金と負債性引当金に大別されます。

・評価性引当金……………将来の損失に備えるため，資産から控除される引当金
（例：貸倒引当金）

・負債性引当金……………将来発生すると見込まれる費用（支出）に備えるための引当金
（例：修繕引当金，賞与引当金，退職給付引当金，製品保証引当金，など）

③ 引当金は主に負債の部に記載されますが，資産の部に控除形式で記載されるもの（貸倒引当金）や，内部留保として純資産の部・任意積立金（税法上の準備金）に計上されるものもあります。

引当金の種類や性格により計上される場所は図表２－13のようになります。

図表２－13　引当金の計上場所

計上場所	引当金の種類など
流動資産	売掛債権（受取手形，売掛金など）に対する貸倒引当金
固定資産	投資その他の資産に計上される貸付金などに対する貸倒引当金
固定負債	修繕積立金，賞与引当金，退職給与引当金などの負債性引当金
引当金の部	特定業種について業法で計上を強制されるもの（証券会社の売買損失準備金，電力会社の渇水準備引当金など）
任意積立金	租税特別措置法に基づく準備金（圧縮記帳積立金，特別償却準備金，海外投資等損失準備金，買換資産圧縮積立金など）

２　見方と判断ポイント

(1)　計上方法を理解する（洗替方式と差額補充方式）

引当金の計上方法には洗替方式と差額補充方式とがあります。

洗替方式は，前期に計上した引当額（繰入額）を当期に全額戻し入れて収益に計上し，当期分を新たに費用として計上する方法です。つまり，翌期には改めて繰入額を計算し損失または費用として計上する方法をいいます。

差額補充方式とは，当期末に計上が必要な額と前期末計上額との差額だけを当期に繰り入れる方式です。実績方式や積上方式ともいいます。

洗替方式の場合は，損益計算書上の繰入額と貸借対照表への戻入額が一致するはずですので確かめてみましょう。差額補充方式の場合は損益計算書と貸借対照表との計上額が異なりますし，一部取崩し処理をすることもあります。どちらの方式であっても理解できるように覚えておきましょう。

(2)　引当金と準備金は違う

引当金は期間損益計算を正しく行うために発生主義や費用収益対応の

原則に基づいて将来発生見込みの費用・損失を当期の収益に対応する費用として計上するものです。よって，利益処分によって将来に備えるために積立てる任意積立金や別途積立金などの内部留保分とは性格の異なるものである点を区別して考えておきましょう。

(3)　税務上の観点からもチェックする

引当金は会計上（保守主義）の観点からはその計上が強制されるものですが，税務上はその計上に慎重な処理が求められており，また，原則として確定した債務以外は損金に算入されません。例えば，賞与引当金は平成10年度の税制改正で廃止され，退職給与引当金は平成14年度税制改正で廃止されました。よって，法人税法上はどちらも引当金の損金算入ができません。加えて，貸倒引当金についても，平成23年度の税制改正により資本金１億円以上の大法人は計上が認められないこととなりました。

したがって，このような引当金を計上したとしても，申告所得の計算上は当期利益に加算しなければなりません。その一方で，計上の必要性があるにもかかわらず，中小企業では法人税法上加算項目となる賞与引当金や退職給付引当金を計上していない場合があることに留意します。

8　未払法人税等

Point

決算書と税務申告書との関連をしっかりと理解すること。
予定納税時の処理は企業ごとに異なるため必ずチェックしましょう。

1　未払法人税等勘定の内容

①　未払法人税等とは，期末における法人税・住民税・事業税・地方法人特別税の未払額を引き当てて一時的に処理するための勘定科目です。

②　かつては引当金の１つとして理解されていた時期もあるため,「納税引当金」「法人税等引当金」「納税充当金」「法人税等未払金」など様々な科目で処理されていますが，内容は全て同じです。

2　見方と判断ポイント

(1)　表面税率と実効税率の違い

現行税制（平成 31 年 4 月 1 日以後に開始する事業年度から適用）においては，課税所得に対する法人税等の税率は以下のとおりです。

図表２－14　　各種税率の値

（東京都の場合）

①法人税率	23.2%	④事業税率	0.88%
②地方法人税率	4.4%	⑤地方法人特別税率	2.9%
③住民税率	16.3%		

※軽減税率及び超過税率等は考慮していません。

表面税率とは，課税所得に課税される法人税・地方法人税・住民税・

事業税・地方法人特別税の実際の税率です。これに対して実効税率とは，法人税・地方法人税・住民税が損金に算入されないのに対し，事業税及び地方法人特別税は申告時に損金算入が認められるため，事業税及び地方法人特別税が当期に損金算入されると仮定して計算した税額の課税所得に対する割合です。

$$\text{実効税率} = \frac{\text{法人税率}\times(1+\text{地方法人税率}+\text{住民税率})+\text{事業税率}+\text{地方法人特別税率}}{1+\text{事業税率}+\text{地方法人特別税率}}$$

$$= \frac{23.2\% \times (1+4.4\%+16.3\%)+0.88\%+2.9\%}{1+0.88\%+2.9\%} = 30.62\%$$

なお，法人所得の実効税率は，期末資本金の額や法人の所得金額によって異なるため，実務では期末資本金の額や所得の金額に応じて法定実効税率を使い分ける必要があります。

上記の違いをしっかりと理解し，計上額と資金繰りとの差異などを確認しておくことが重要です。

⑵　BS，PL，税務申告書の整合性をチェックする

未払法人税等が計上される仕訳パターンを例示すると以下のとおりです。

［ケース１］

①　前期末計上残高　　1,000

②　前期の法人税等を納付した

（借方）未払法人税等　1,000　／　（貸方）現金預金　　　1,000

③　当期の予定納税を行った

（借方）仮払税金　　　　500　／　（貸方）現金預金　　　　500

④　期末の確定税額を計上した

（借方）法人税等　　　1,500　／　（貸方）未払法人税等　1,000

／（貸方）仮払税金　500

[ケース 2]

①　前期末計上残高　1,000

②　前期の法人税等を納付した

（借方）未払法人税等　1,000　／（貸方）現金預金　1,000

③　当期の予定納税を行った

（借方）租税公課　500　／（貸方）現金預金　500

④　期末の確定税額を計上した

（借方）法人税等　1,000　／（貸方）未払法人税等　1,000

前記を見れば分かるように，予定納税の段階では未払法人税等の残高がなく，企業により仮払税金（または仮払金）で処理する場合と租税公課で損金経理する場合があります。

ケース１の場合は期末に予定納付額を相殺するのが通常ですが，これが仮払税金のまま残っている場合には償却できるだけの利益があがっておらず，税引後利益の見た目をよくするために残している可能性もあります。ケース２の場合は法人税の確定申告時に予定納税額を別表四で所得に加算します。

企業ごとに様々な経理処理があり混乱することもありますが，基本をしっかりとマスターし，ケースに応じて社長や経理担当者，顧問税理士などからヒアリングなどして確認するようにしてください。

1　長期借入金

Point

固定長期適合比率は 100% 以下であることが絶対条件。

返済年限は５年程度が妥当。

長期借入金残高が多い場合は金利動向で長期利益計画が左右されるため，将来の見通しを検討します。

1　長期借入金勘定の内容

長期借入金とは，運転資金や設備資金のために金融機関等から受けた融資のうち，返済期限が決算日の翌日から起算して１年を超える借入金のことをいいます。

長期借入金のうち，決算日の翌日から起算して１年以内に返済期日の到来する部分については，流動負債に「1 年以内返済長期借入金」などの勘定科目により別建て表示することになっています。

役員や従業員，関係会社や子会社からの借入金については，「役員借入金」など，その内容が分かる名称で別途表示することが原則です。

2　見方と判断ポイント

(1)　借入金を相手先ごとに整理する

借入金の勘定科目の処理は企業によって様々です。「短期借入金」「1 年以内返済長期借入金」という名目で流動負債に表示されている借入金と,「長期借入金」「役員借入金」といった科目名で固定負債に計上して，借入内容ごとに表示方法を区分しているケースもあれば，役員借入金を「短期借入金」，金融機関からの借入金を「長期借入金」に一本化しているケースもあります。また，全ての借入金を「長期借入金」としているケースなど，その内訳を決算書だけで判断することは困難です。

そこで，まずは勘定科目内訳書や借入金の契約書・返済予定表などを確認し，相手先ごとに借入金を整理します。借入ごとに返済内容が確認できれば，その後は具体的な借入返済スケジュールの見直しを進めることになります。

また，長期借入金は一般に証書借入の方法により，その使途は設備資金または長期運転資金として調達されますが，具体的にどのように運用されているかなど資金の流れを掴んでおくことが重要です。

(2) 固定長期適合比率をチェックする

長期借入金は，企業の資本不足を補うためのものとして調達されているケースが多いと思います。そこで，固定長期適合比率という指標を用いて資金調達バランスの健全性をチェックします。すなわち固定長期適合比率とは，固定資産に投資した資金が長期資金でどれだけまかなわれているかをみるための指標です。

$$固定長期適合比率 = \frac{固定資産}{自己資本+固定負債（主として長期借入金）} \times 100\%$$

例えば，銀行から返済期間10年間の長期設備資金の融資を受け，耐用年数10年の設備を1億円で取得したとします。この場合は耐用年数と返済期間が一致しているため，設備の稼動期間に合わせて借入金を返済することとなり返済計画に無理がありません。これに対して，返済期間5年間の借入金で上記と同じ設備を取得したとすると，5年間では借入金を返済することができないため，繰り返し融資を受けなければ返済することができません。

このように，固定資産は長期間使用されるものであるため，同じような長期の借入金や内部留保（返済義務のない自己資本）を中心としたキャッシュ・フローによって投資が行われていなければ資金繰りを圧迫します。すなわち，固定資産の金額が自己資本と固定負債の合計額を上回っている状態は危険といえますので，固定長期適合比率が100% 以下となっていることが理想です。まずはこの指標が100%以下であるか否かを確認しましょう。

⑶　返済能力と返済年限をチェックする

固定長期適合比率の確認が終わったら，毎年の返済約定金額が返済能力の範囲内か，返済年限はどのくらいかなど，資本構成の判断とあわせて返済能力を確認します。

$$\text{返済年限（年）} = \frac{\text{長期借入金} + \text{社債}}{\text{長期借入金返済能力（年）}}$$

長期借入金の返済能力（キャッシュ・フロー）は，一般的に以下の算式で見ることができます。

長期借入金返済能力＝
経常利益－社外流出(法人税等＋配当金＋利益処分による役員賞与)＋減価償却費

なお，返済年限は一般的に５年程度が妥当です。10年以上先の見通しを立てることは困難ですし，また，長期借入金は期間も長く金額も多額である場合が多いため，調達金利が市場金利に比較して高くないか，企業規模などに応じて有利な調達となっているかどうかも検討します。

2　退職給付(与)引当金

Point

税法上は引当金計上が認められていないため，特に中小企業の場合は積立不足であることが多いです。

1　退職給付(与)引当金勘定の内容

① 退職給付制度には，一般的に退職金と呼ばれる退職一時金と企業年金がありますが，このうち，退職一時金に充てるために税法基準を取り入れて一定限度の繰入限度額まで所得税の必要経費に算入できる引当金を管理するための勘定科目を退職給与引当金といいます（退職給与引当金は法人税では廃止されています）。

② 退職給付引当金とは，将来従業員が退職するときに支払われる退職給付（退職一時金と企業年金）のうち，当期に負担すべき金額を見積もり当期の費用として計上するための引当金を管理するための勘定科目をいいます。

退職給与引当金では退職一時金だけを貸借対照表上に計上することになりますが，従業員の退職に伴う企業のコストは退職一時金だけではなく，企業年金の負担額も含まれますので，このような処理方法では現時点における会社負担の総額が不明です。そこで，退職給付については「退職給付に係る会計基準」という会計基準が導入され，退職一時金と企業年金のどちらについても，企業が将来負担する可能性のある退職給付額のうち期末時点で発生している部分を「退職給付債務」とし，そこから積み立てた「年金資産」を控除した残額を「退職給付引当金」として負債の部に計上し，これらのうち当期に発生した部分を「退職給付費用」として損益計算書に計上することになっています。

これにより，退職給与引当金はその内容が大きく変わり，名称も退職給付引当金へと変わりました。

なお，原則として従業員数300人未満の企業については，退職給付費用の計算を退職給付に係る期末の退職給付の要支給額を用いて計算するなどの簡便法によることができます。ほとんどの中小企業の場合は簡便法によっていますが，その場合は厳密には計上不足ということになります。

２　見方と判断ポイント

⑴　税法上は平成14年度以降の繰入は廃止

法人税法上，現在は退職給付引当金の計上は認められていませんが，会計上は将来発生すると見込まれる退職給付債務をきちんと引き充てておくことが望ましいことはいうまでもありません。税金を支払ってでも100％引当計上している（いわゆる有税引当）企業が優良企業といえます。

⑵　役員退職金の担保

役員退職金は比較的高額となることが多いので，大企業では有税で役員退職引当金を引充てたり，利益処分で役員退職積立金を積み立てたりしています。中小企業では生命保険などを活用することによりカバーしていることが多いでしょう。

よって，引当金が計上されていない場合であっても，投資勘定に計上されるこれらの内容を確認して，将来の資金の流出にきちんと備えがあるかなどを見ておきましょう。

なお，引当金のほか，中小企業退職金共済制度などを併用しているケースなど様々ですので，このあたりも確認が必要です。

1　資本金

Point

資本金は業種や業態に合わせて適正な金額となっているかをチェックします。

自己資本比率は最も重要な指標です。比率の高い企業は財務健全性が高いといえます。

1　資本金勘定の内容

① 資本金とは，純資産のうち，株主（出資者）による会社設立時や増資時における払込（出資）金額のうち，会社法で定められた法定資本の額のことをいいます。すなわち，株主（出資者）が払込（出資）をした金額のうち資本金とした金額を処理する勘定科目です。

② 会社が株式を発行した場合は原則としてその払込額の総額を資本金とすることが原則ですが，払込額の2分の1を超えない価額は資本金に組入れず資本準備金とすることができるため，この分を差引いた部分が資本金となります。

③ 平成18年5月施行の会社法により最低資本金制度が撤廃されたため，1円からでも資本金として認められるようになりました。

2　見方と判断ポイント

(1)　資本金の額をみる

旧商法では，株式会社については1,000万円，有限会社については300万円という資本金の最低額が定められており，それなりに資本の充実が担保されていましたが，既述の通り現在はこの最低資本金制度は無くなっています。

適正な資本金額については，業種や売上の規模などによって異なりますので一概に論ずることはできませんが，一般的に多ければ多いほど財務の安定度は高くなるため健全性が担保されているといえます。一方で，出資者は配当を期待しているため，企業としては資本金額が大きいほど配当負担や投下資本に対する利益率など，経営者の負担や責任は大きくなります。

税制上は資本金が１億円以上の会社は大会社となるため，中小企業者に与えられる優遇措置を受けられなくなることもあります。そのため，資本金が１億円を超えないように意図的に操作している企業が多いことにも注意が必要です。さらに，資本金５億円以上の会社は会社法上の大会社となり，会計監査人（監査法人または公認会計士）の監査が要求されるなどの負担が生じます。

⑵　自己資本比率をみる

企業が調達した資金のうち，資本金を含む自己資本は返済義務がありません。したがって，総資本に占める自己資本の割合が大きいほど，企業は返済義務のない資本を元手として運営されているため，経営が安定していると考えられます。

そこで，企業の安定度や財務健全性を判断をするために「自己資本比率」という指標を使って計ります。この指標は数ある経営指標の中でも最も重要な指標と言えますので，しっかりと内容をマスターしておきましょう。

$$\text{自己資本比率（\%）} = \frac{\text{純資産}}{\text{総資本（総資産）}} \times 100$$

図表２－15　純資産の部の詳細（会社計算規則）

純資産の部について

純資産の部は，会社計算規則では，①株主資本，②評価・換算差額等，③新株予約権の項目に区分し，株主資本には，資本金，新株式申込証拠金，資本剰余金，自己株式，自己株式申込証拠金を記載し，評価・換算差額等には，その他有価証券評価差額金等を記載します。

これをもう少し詳しく中身を分類してみますと，次のようになります。

Ⅰ　株主資本
　1　資本金
　2　新株式申込証拠金
　3　資本剰余金
　　(1)　資本準備金
　　(2)　その他資本剰余金
　4　利益剰余金
　　(1)　利益準備金
　　(2)　その他利益剰余金
　　　　××積立金
　　　　繰越利益剰余金
　5　自己株式
　6　自己株式申込証拠金
Ⅱ　評価・換算差額等
　1　その他有価証券評価差額金
　2　繰延ヘッジ損益
　3　土地再評価差額金
Ⅲ　新株予約権

1　資本準備金

Point

会計処理等については，あまり意識する必要はないでしょう。

1　資本準備金勘定の内容

① 資本準備金とは，資本剰余金の１つで，会社設立や増資の際に株主（出資者）から払い込まれた金額のうち資本金として計上しなかった金額を処理する勘定科目です。

② 株主（出資者）からの払込金の一部（払込金額の２分の１を超えない額）については資本金にしないことができ，資本金としなかった部分を資本準備金とすることができます。

2　見方と判断ポイント

(1)　利益剰余金との混同の禁止

株式会社は，いつでも株主総会の決議によって純資産の部の計数を変動させることができます。純資産の部の計数の変動とは，資本金・準備金の増加または減少，剰余金の資本金または準備金への組み入れ，任意積立金の積立てなど，すべての純資産の部の計数の変動をいいます。

会社計算規則では，資本剰余金と利益剰余金の混同の禁止に係る規定が設けられています。すなわち，準備金から資本金に組み入れる場合は資本準備金から組み入れることが必要とされ，反対に，資本金を減少して準備金に組み入れるには資本準備金に組み入れます。剰余金から資本に組み入れる場合はその他資本剰余金に組み入れ，資本金を減少して剰余金に組み入れる場合はその他資本剰余金に組み入れます。

ところで，準備金を取崩す目的としては，剰余金がマイナスのままでは配当や自己株式の取得もできないことから，準備金を取り崩すことによりこれを填補すること（欠損填補），合併などで増えた準備金によりアンバランスとなった株主資本の構成を適正化させること等がありますが，欠損填補に充当するための資本金の減少または資本準備金の減少は従来から認められており，混同の禁止には当てはまらないと理解されています。

(2) 企業再編時の処理

企業合併時の会計上の取扱いについては，合併の対価や支配が継続するか否かによって，パーチェス法と持分プーリング法の２つの考え方があります。パーチェス法とは，被合併会社の資産・負債を適格な時価で評価して受け入れる方法で，持分プーリング法は，合併直前の帳簿価額で被合併会社を受け入れる方法です。

パーチェス法と持分プーリング法のいずれかを適用するのかは，合併の対価や支配の継続等により判断することとされていましたが，現在は企業会計においては持分プーリング法が廃止され，パーチェス法により処理することになります。

ただし，税制上は持分プーリング法に類似した処理が認められることもありますので，中小企業においては，経理負担の大きいパーチェス法によらず，この方法によるケースも多いと考えられます。

パーチェス法においては払込資本の増加を認識することになり，払込資本の増加額の範囲内で資本金及び資本準備金の増加額を合併契約において定めます。合併契約においてはゼロ円以上で定めることができるため，資本金及び資本準備金が増加しない場合にはその他資本剰余金に全額計上することもできます。なお，パーチェス法が適用される吸収分割や株式交換についても同様の内容が定められています。

２　その他資本剰余金

Point

この勘定科目が計上されている場合は，それがどのような経緯で発生したかに留意しましょう。

１　その他資本剰余金勘定の内容

①　その他資本剰余金とは，資本金及び資本準備金の取崩しを行った際に発生した剰余金のことをいい，具体的には，①資本金及び資本準備金の減少差益と②自己株式処分差益，の２つで構成されます。

②　払い込んだ自己資本のうち資本金以外のものを資本剰余金といいますが，資本剰余金は株主の払い込んだ資本金と同様の性格を持つ剰余金であり，その他資本剰余金は資本剰余金のうち資本準備金以外のものです。

２　見方と判断ポイント

⑴　資本金及び資本準備金の減少差益とは

有償減資の場合は資本の減少額が株式の払戻金より大きい場合の当該差額をいい，無償減資の場合は資本金の減少額が欠損填補に充てた金額より大きい場合の当該差額をいいます。

⑵　自己株式処分差益とは

自己株式の処分の対価から自己株式の帳簿価額を控除した差額が正の値の場合の差額（負の値の場合の差額は自己株式処分差損といい，その他資本剰余金から減額します）をいいます。

なお，その他資本剰余金は合計額を表示すればよく，資本金及び資本準備金減少差額，自己株式処分差益などの内訳科目を表示する必要はありません。

1　利益準備金

Point

大企業においては, 資本金の４分の１まで積上計上の無い場合は, 過去の業績はあまり芳しいものでなかった可能性があります。

1　利益準備金勘定の内容

① 利益準備金とは, 会社法の規定により債権者保護の観点から, 会社が稼得した利益のうち社内で留保すべきとして規定されているものをいいます。

② 利益準備金は, 純資産の部の利益剰余金の1つであり, 資本準備金と共に法定準備金を構成します。

③ 利益剰余金とは, 損益取引により生じた利益を源泉とする剰余金のことを言い, 利益準備金とその他利益剰余金（任意積立金, 繰越利益剰余金）に区分されます。

２　見方と判断ポイント

会社法は, 資本充実の原則により企業の財務上の安定性を高め債権者を保護するため, 法定準備金としてその積立を強制しています。

利益準備金は, 株主に対して剰余金の配当を行う場合にその10分の1以上を積み立てなければならないとしており, また積立てなければならない限度額は, 利益準備金と資本準備金の合計額で資本金の4分の1に達するまでとなっています。

なお, 剰余金から準備金に組み入れる場合は, その他資本剰余金から資本準備金に, その他利益剰余金から利益準備金にそれぞれ組み入れます。反対に，準備金から剰余金に組み入れる場合は，資本準備金からその他資本剰余金に，利益準備金からその他利益剰余金にそれぞれ組み入れます。

2　任意積立金

Point

過去業績を反映している項目のため要チェック。

資本金の額にも左右されますが，資本金の５倍程度あることが望ましいです。

1　任意積立金勘定の内容

①　任意積立金とは，利益準備金及び繰越利益剰余金以外の利益剰余金であり，その他利益剰余金の１つです。

②　個別の勘定科目としての任意積立金という科目は使用せず，その具体的名称は，その積立の目的に応じて具体的名称で表示します。

2　見方と判断ポイント

(1)　目的積立金と無目的積立金

その他利益剰余金については任意積立金と繰越利益剰余金の項目に細分する必要があります。

このうち，任意積立金には，特定の目的がある目的積立金と，特定の目的のない無目的積立金とがあります。前者は「役員退職慰労積立金」や「欠損填補積立金」などその具体的名称により表示し，後者は「別途積立金」として表示します。

(2)　目的積立金の取り崩し

特定目的を明示した目的積立金は，その目的に沿った取り崩しについては取締役会決議で取り崩すことが可能ですが，目的外に利用するために取り崩す場合には株主総会の決議が必要となるので注意が必要です。

(3) 財政状態の判断

任意積立金の計上及び取崩しには様々な制約がありますが，財政状態を判断するにあたっては全て内部留保を構成するものであり，任意積立金の残高が多ければ多いほど自己資本すなわち内部留保は充実しているものと見ることができます。

1　自己株式

Point

自己株式の取得の経緯や目的に着目し，内容をしっかりと把握するようにします。

1　自己株式勘定の内容

① 自己株式とは,法人が発行した自社の株式（自己株式）を取得（保有），処分，消却するためにこれを管理するための勘定科目をいいます。

② 企業が自己株式を取得することは，裏返せば株主に対する出資や財産の払い戻しと考えることができます。そこで，自己株式を一般の有価証券と同様の取扱いをすると投資家や債権者などの利害関係者の判断を損ねる可能性があるため，会計上及び税務上も資産ではなく，純資産の部の株主資本からの控除項目として表記します。

2　見方と判断ポイント

自己株式は，配当可能利益の範囲内であれば，その取得の目的に関係なくいつでも会社の判断で自由に取得，保有，処分，消却することができます。いわゆる金庫株制度といわれるものです。

自己株式取得の主な目的には主に以下のようなことが考えられます。

① 株価対策

近年，持合株式に対する時価会計導入等により持合株式の解消が急速に進んでおり，これが株価下落の一因となっています。株価が企業価値に比べて不当に過小評価を受けている場合や，株式を過大に発行したために株価の形成に悪影響を及ぼし配当コストの負担が増大した場合など，売却される自己株式に対して発行会社がその受け皿として機能すれば市場に流通する株式量が減少するため一株あたりの価値が上がり，それに応じて株価を上昇させることが可能です。

② 機動的な組織再編の実現

従来は，株式を対価とする企業組織再編を行う際には新株発行方式による割当てが原則とされていました。金庫株の解禁により，合併・会社分割・株式移転・株式交換等の企業組織再編を行う際に新株発行に代えて自己株式を割り当てることで，新株発行に伴う配当負担及び株主管理コストの増加や配当負担の増加，株価下落を回避しつつ，効率的な企業組織再編を実現することが可能となります。

③ 敵対的買収（ＴＯＢ）に対する企業防衛

大株主や提携先が何らかの理由で企業の株式を手放すこととなったときなどは，株価が大幅に下落し買収されやすくなる状況が生まれます。特に，敵対的企業買収が行われる前に一時的に自己株式を取得することにより，浮動株を吸収して安定株主の議決権の比率を引き上げることができるため，敵対的株主の株式取得を困難にし，敵対的買収を未然に防ぐことができます。また，敵対的買収が具体的に実行された場合には，対抗して自己株式を取得することにより株価を上昇させ，敵対的株主の資金負担を増加させることにより議決権比率を引き下げる効果も見込まれます。

④ 相続・事業承継対策

相続に際しては多額の相続税が発生するケースが少なくありま

せん。特に中小企業の場合は，オーナー社長の有する自社の株式については転売することもできず，これが相続財産となることで多額の相続税が発生するケースが多くあります。このような場合に，相続税を払うのが困難な事業承継相続人等から会社がその株式を買い取ることにより法人の資金を相続人に移転することができ，相続税の納税資金に充当することが可能です。

自己株式は上場企業などでは①②③のような株主対策やM&A対策のために取得され，中小企業では④のように相続対策などのために取得されることが多いことを理解しましょう。

2　評価・換算差額等

Point

現在の株式の含み損益や過去の土地再評価について，一通りの確認をしましょう。

1　評価・換算差額等勘定の内容

評価・換算差額等には次のようなものがあり，当期の損益にしていない場合の評価差額（税効果考慮後の額）をその内容を示す項目をもって計上します。

①その他有価証券評価差額金

②繰延ヘッジ損益

③土地再評価差額金

2　見方と判断ポイント

(1)　その他有価証券評価差額金

有価証券のページで説明したように，その他有価証券とは，売買目的有価証券，満期保有目的の債券，子会社株式及び関連会社株式以外の有価証券をいいます。これらは時価評価をもって貸借対照表価額とし，評価差額は洗替方式に基づいて計上されます。その他有価証券評価差額金とは，会社が資産として保有するこれら投資有価証券などについて時価評価したときの差額です。含み損益としての評価益や評価損を直ちに損益取引として認識することは適切でないため，純資産の部に区分して計上されます。

なお，純資産の部に計上されるその他有価証券の評価差額については，税効果会計を適用しなければなりません。

⑵　繰延ヘッジ損益

繰延ヘッジ損益とは，時価評価されているヘッジ手段に係る損益または評価差額をヘッジ対象に係る損益が認識されるまで純資産の部において繰り延べた際における，この繰り延べられた損益または評価差額をいいます。

なお，法人税法上はこれら損益や評価差額については一定の要件の下に所得金額に影響を及ぼさないよう措置されています。

また，会計上はその他有価証券評価差額金と同様に税効果会計を適用する必要があります。

⑶　土地再評価差額金

土地再評価差額金とは，土地の再評価に関する法律（土地再評価法）第７条に規定する再評価差額金を言い，事業用土地について時価による評価を行い当該事業用土地の簿価を改定した際の変動額です。

再評価差額から再評価に係る繰延税金負債の金額を控除した金額または再評価差額に再評価に係る繰延税金資産の金額を加えた金額を再評価差額金として貸借対照表の純資産の部に計上しますが，再評価差額金は当該評価土地の売却等による処分の場合及び減損が生じた場合以外には取り崩すことが出来ません。

なお，土地再評価法は，事業用の土地について期限内に１度だけ時価で評価替えすることを認めた法律で，金融政策の１つとして時限立法で導入されましたが，土地の再評価の時期は平成 14 年 3 月 31 日で終了しています。

1　売上高

Point

売上高は企業規模や営業の重要なバロメーターですが利益には直結しません。

売上高は企業の財務分析を行うにあたっての基準数値です。

1　売上高勘定の内容

① 売上高とは，企業の主たる営業活動である商品・製品の販売や役務（サービス）の提供により獲得した収入または収益を言います。

② 損益計算書においては，本業による収益と本業以外の付随的な取引から生じる収益とを明確に区分することが求められており，一般に売上高は本業による収益を処理するために使用される勘定科目です。

③ 建設業においては「完成工事高」という勘定科目を使用します。

④ 製造業の場合は，製品の製造過程で発生する半製品や副産物，作業屑などを外部へ販売する場合がありますが，これらも売上高に含めます。

2　見方と判断ポイント

(1)　売上高の種類を理解する

売上高は企業分析を行う上で最重要かつ最も基礎的なデータです。企業の収益性分析を行うに際しては売上高に対する利益割合が多用されますし，また，経営に投下された資本の効率性を分析する上でも売上高を基準にしてその効率性を判定することになります。

これらを踏まえて，まずは分析する企業の売上高の具体的な内容を理

図表２－16　売上高の種類

売上高	・企業が販売目的で所有する商品や製品の販売による収益 ・企業が提供する役務の提供による収益 ※一般的には，以下の各種売上については単に売上高として計上されるケースがほとんどです。
商品売上高	仕入れた商品を他に販売した場合の収益
製品売上高	自社で製造または制作した製品を他に販売した場合の収益
加工料収入	原材料の支給を受け，これを加工することにより収受する収益（原材料が有償支給の場合は製品売上となります。）
完成工事高	建設業など工事の施工・引渡しにより収受する収益
賃貸料収入	不動産賃貸業などにおける収益
旅客運輸収入	鉄道，バスなどの旅客輸送業者が受ける収益

解しましょう。

(2)　売上高の計上基準（時期）を理解する

商品や製品を販売した場合や役務（サービス）を提供した場合，その収益（売上）をいつ計上するかという問題は，会計上も税務上も非常に重要です。

例えば商品を販売する場合，契約日，検収日，引渡日，決済日などが必ずしも同一事業年度になるとは限りません。どの時期をもって収益(売上）を計上するかによって当期及び翌期の売上高が変わり，所得金額も変わり，税額も変わります。

法人税法では，収益（売上）の計上時期について一般的な規定は設けられておりませんが，その企業にとって妥当な，いわゆる発生主義の原則に基づく実現主義による収益計上基準であればよいと考えられています。ただし，いずれの基準を採用するにしても，いったん採用した計上基準を毎期継続して適用する必要があります。

図表２－17　売上高の計上基準

計上基準	内　容
①実現主義	商品・製品等が取引先へ販売され，その引渡しが実行され，代金受領または売上債権が計上されるときに収益を計上する基準です。これを「販売基準」または「引渡基準」といい，商品等の一般販売だけでなく，委託販売，割賦販売，予約販売，試用販売や電気・ガスの検針基準に基づく販売など特殊な販売にも適用されます。また，工事完成基準は実現主義に基づいています。（※）
②発生主義	製品等を生産した時点，すなわち収益が発生すると認められる時点で売上収益として認識する基準です。確実に販売がなされ，販売価格も決まっているような場合に限り採用することができます。工事進行基準は発生主義に基づいています。（※）不動産賃貸業や貸金業などでは時間の経過に基づいて収益を計上することになります。
③現金主義	実際に売上代金を受領したときに売上を計上する基準です。割賦販売のように，代金回収までに長期間を要し回収リスクや費用負担が想定される場合は，回収した金額だけ（回収基準）または回収期限が到来したものに限って（回収期限到来基準）売上を計上することが認められています。これを「割賦基準」と呼びます。サービスが提供された後に対価が決定するようなサービス業の場合にも適用されます。

（※）会計基準においては平成21年４月以降開始する事業年度から，工事の進捗に応じて成果の確実性が認められるような場合には工事進行基準を原則として適用し，それ以外の場合は工事完成基準を適用することとなっています。

図表２－18　売上高の具体的計上基準（例）

計上基準	内　容
①引渡基準	商品や製品等を相手方に引渡した（納品時，請求時）に売上を計上する。
②出荷基準	商品等の出荷時に引渡しがなされたものとみなして売上を計上する。倉庫出庫時，船積み時等の出荷時点などがある。
③納品基準	引渡基準の１つであり，得意先に商品等を実際に引き渡した時点で売上を計上する。着荷基準ともいう。
④検収基準	取引先が商品等を検収した日に引渡が完了したとして売上を計上する。
⑤検針基準	電気，ガス，水道等の販売において，検針日に販売数量を確認した日に収益（売上）計上する。
⑥取付（据付）完了基準	機械など，取付や据付を必要とする場合に，その取付等が完了し使用できる状態となった時点で売上を計上する。
⑦役務完了基準	サービスなど役務の提供が完了した時点で売上を計上する。
⑧使用収益開始基準	土地・建物等など不動産販売の場合に，販売先において使用が可能となった日に売上を計上する。

2 損益計算表(1)経営損益の部①営業損益

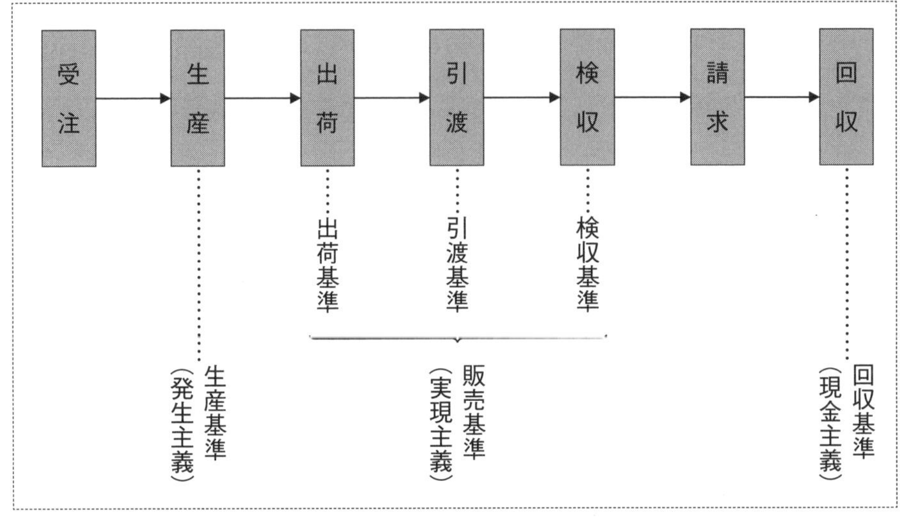

(3) 売上高の操作や調整に留意する

既述のとおり売上高は企業の業績を判断する際の重要な指標です。よって，売上高が正しく計上されていなければ正しい指標を算出することもできませんし，企業の本来の姿を見ることはできません。

決算書をより良く見せるために売上を前倒計上したり，利益調整のために売上高を次期へずらすなど，中小企業においては売上高操作が行われることが少なくありません。売上高の調整や操作は決算期の直前に行われることが多いため，売上高の月次推移や季節変動などを注意深く把握しておく必要があります。

さらに，売上高利益率の急激な変動，売上高に直結する売上債権や棚卸資産等の回転期間の変動などについても十分に留意することが大切です。

(4) 売上高の控除項目を確認する

売上高の構成は次図のようになっており，損益計算書上は総額で表示されている場合と純額で表示されている場合の２パターンがあります。

売上高の表示方法を事前に確認し，控除項目が差し引かれて純額表示となっている場合には内容について詳細をチェックします。

総　売　上　高	
純　売　上　高	値引・戻り・割引・割戻し

総売上高より控除される項目には以下のようなものがあります。

①　売上値引高

販売した（売上に計上された）商品や製品等について，品違い，量目不足，品質不良，汚れ，損傷，破損などの理由で販売代金から値引き（控除）される金額です。単に売上値引ともいいます。

②　売上戻り高

販売した（売上に計上された）商品や製品等が，品違い，輸送上の損傷，品質不良や欠陥，契約取消しなどの理由で返品された金額のことです。売上戻りまたは売上返品ともいいます。

③　売上割引高

売掛金回収の前倒しに対する対価のことをいいます。掛取引の場合，通常は掛代金には取引日から決済日までの利息が含まれています。そこで，売掛金が決済期日前に回収した場合には，支払期日の短縮による利息を一部免除（ディスカウント）することがありますが，これが売上割引です。

ちなみに，支払期日短縮による利息のディスカウントは，代金の早期回収に対する金融上の費用といえるため，売上高から直接控除せずに売上割引の科目で営業外費用に計上することが原則です。

④　売上割戻し高

一定期間内に多量・多額の取引を行った取引先に対してリベートとして売上代金の一部払戻しをすることがありますが，これが売上割戻しです。

基本的な科目の性格は売上値引きと同様ですので売上控除項目として計上されますが，実務上は販売促進費や販売奨励金などとして「販売費及び一般管理費」に計上されることもあります。

なお，売上値引・戻り高・割戻しなどは売上高の計上後に発生するため，これら売上控除項目の計上時期はこれが確定した時期となり，当期の総売上高に対応するものとは限りませんので注意が必要です。

(5) 比率分析で成長性や効率性をチェックする

比率分析を行う場合の売上高は純売上高を基準とします。純売上高は企業の実質的な売上高であり，これが企業の財務分析を行う際の基準数値となります。

純売上高 ＝ 総売上高 －（売上割引＋売上戻り＋売上割戻し）

① 成長性を把握する

$$\text{売上高成長率（\%）} = \frac{\text{当期売上高}}{\text{前期売上高}} \times 100$$

売上高の時系列推移を見ることにより企業の成長性を確認します。また，同業種の一定期間の成長率と比較することにより，個別企業の成長率の優劣について判断します。

② 収益性を把握する

$$\text{売上高利益率（\%）} = \frac{\text{利益}}{\text{売上高}} \times 100$$

利益には売上総利益（粗利）や営業利益，経常利益，当期純利益など色々な種類があります。粗利や経常利益（ケイツネ）などは新聞やニュースなどでよく耳にする言葉で一般的に知られていますが，会計実務的には単に利益といった場合は最終利益である当期純利益を意味します。当期純利益の売上高に占める割合を売上高利益率といいます。

利益金額にどの数値を用いるかによって，売上総利益率，営業利益率など以下のように名称と意味合いが異なります。

・**売上総利益率**………………商品力によって稼いだ利益を表す比率

売上総利益は，商品力によって稼いだ利益です。すなわち売上総利益率とは，「売上高に占める商品力によって稼いだ利益」を知るデータと言えるため，この利益率が高ければ，収益性が高い魅力ある商品を多くもっていることを意味します。逆に低ければ，収益性が低い魅力に乏しい商品をもっていることになります。

・**営業利益率**……………本業の営業力によって稼いだ利益を表す比率

営業利益とは，営業力によって稼いだ利益です。すなわち売上高営業利益率とは，「売上高に占める営業力によって稼いだ利益」を知るデータと言えます。この利益率が高ければ，本業の業績が良いことを意味します。低ければ，本業の業績が悪いことになります

③　効率性を把握する

$$売上高人件費率（\%） = \frac{人件費}{売上高} \times 100$$

$$従業者１人あたり年間売上高（円） = \frac{売上高}{役員＋従業員数}$$

$$売場１坪（3.3㎡）あたり売上高（円） = \frac{売上高}{売場面積}$$

$$総資本回転率（\%）= \frac{売上高}{総資本}$$

上記のような各指標を基に，企業がどれくらい投下資本を有効活用して事業活動を行っているかを客観的に把握します。

総資本回転率とは，資産総額の何倍の売上高があるかを示す指標です。すなわち，企業に投下された総資本が，商品・製品等の販売から資金が回収されるまでを１回転として期中に何回転したかを示すもので，回転率が大きいほど少ない資産で大きな売上を獲得できていることとなります。

上記①から③の各指標は，中小企業庁の「中小企業実態基本調査」などに業種ごとの平均値などが掲載されていますので，これらを基に同一業種や同規模企業との比較・分析を行い，他社に対する優位性や劣勢を判定することが重要です。

２　売上原価

Point

売上原価は売上高と反対の関係にあることを理解しましょう。

売上原価は粉飾決算に利用されることが多いため十分に確認すること。

１　売上原価勘定の内容

売上原価とは，損益計算書の費用項目の１つで，企業が商品や製品・サービス等を仕入れ・製造・提供する時などにかかる費用（仕入原価，製造原価）で，会社が主たる営業活動によって収益を獲得するために直接に要した費用（原価）の合計金額のことをいいます。

２　見方と判断ポイント

(1)　業種により内容や勘定科目が異なる

売上原価は，業種によってその具体的内容が異なり，また，業種によっては異なる名称の勘定科目を使うことがありますので，まずは基本を理解しましょう。

①　卸売業や小売業の場合：

売上原価＝期首商品棚卸高＋当期商品仕入高－期末商品棚卸高

②　製造業の場合：

売上原価＝期首製品棚卸高＋当期製品製造原価－期末製品棚卸高

③　建設業の場合：

個別受注工事のため，期首及び期末棚卸高という概念がなく，未完成のものは仕掛品として管理されます。売上原価については，完成工事高（建設業で売上高に相当する科目）に対する原価部分とし

① 商業の売上原価の計算

1. 期首商品棚卸高		×××
2. 当期商品仕入高		×××
合計		×××
3. 期末商品棚卸高	(−)	×××

期首商品棚卸高（＋）	当期商品仕入高（＋）
売上原価（当期販売対象となった商品）	期末商品棚卸高（−）

て「完成工事原価」という科目を使用します。

⑵ 売上原価の計算式を理解する

売上原価の算出方法は，卸売や小売など商業の場合と製造業の場合とでは次図のように異なります。まずはこの算式をしっかりと確認しましょう。

例えば，期首にリンゴが100個あったとします。当期に500個を仕入れ，450個が売れました。期末に在庫として売れ残っているリンゴは150個となります。

売上原価を個数で考えると，100 + 500 − 150 = 450個となり，これが売上原価で当期に売り上げた個数と一致するはずです。これに金額を当てはめたものが売上原価と考えると理解がしやすいでしょう。すなわち，当期の売上高に対応する部分が売上原価であり，差額が売上総利益(粗利益)です。

②　製造業の売上原価の計算

売上原価

1.　期首製品棚卸高		×××
2.　当期製品製造原価※①		×××
合　　計		×××
3.　期末製品棚卸高	(−)	×××

当期製品製造原価（※①）

Ⅰ　期首仕掛品棚卸高		×××
Ⅱ　当期総製造費用※②		×××
合　　計		×××
Ⅲ　期末仕掛品棚卸高	(−)	×××

当期総製造費用（※②）

ⅰ　材　料　費	×××
ⅱ　労　務　費	×××
ⅲ　製　造　経　費	×××
当期総製造費用	×××

ⅰ材料費

→　期首材料棚卸高＋当期材料仕入高－期末材料棚卸高

ⅱ労務費

→　製造部門に従事する従業員の賃金，給与，賞与，法定福利費など

ⅲ製造経費

→　製品の製造にかかる費用のうち，外注加工費や賃借料など，材料費及び労務費以外のもの

(3)　期首棚卸高と期末棚卸高の関係

期末における各勘定科目の残高（金額）は決算により確定されるので，商品であろうが材料であろうが，期首棚卸高は前期末棚卸高と一致しま

す。

貸借対照表の各棚卸資産勘定は，原則として実施棚卸によって確認された期末残の数量に単価を乗じて金額が決定されます。単価を決定する方法には，先入先出法，移動平均法，総平均法，個別法，最終仕入原価法など各種ありますが，いずれの方法を採用するかは企業の選択に任されられ，その選択した方法を継続適用することとされています。

こうして確定された期末棚卸資産の残高は翌期の期首棚卸資産の残高として繰り越されます。すなわち，期末棚卸高は翌期首棚卸高と一致することになります。

(4) 仕入高の内容を理解する

仕入高とは，企業の主たる事業において販売する商品や製品，原材料等を仕入れるための購入高のことをいいます。商業においては物品を購入してそのまま販売するための商品仕入高や製品仕入高，製造業の場合には原材料や部品など製品製造のために必要な物品を購入(仕入れ)した材料仕入高などとなります。

仕入高には，引取運賃，荷役費，運送保険料，購入手数料等など商品等の購入に直接要した付随費用など，仕入れに要した付帯費用を含みます。この他，間接的付随費用（買入事務，検収，選別，長期保管料等）がありますが，これらの費用については，その合計が少額の場合には販売費・一般管理費により処理されることが通常です。

また，売上高の控除項目と同様に，仕入高にも次の控除項目があります。

① 仕入値引高

② 仕入戻し高

③ 仕入割戻し高

これらは全て売上高の控除項目と逆のものであると解釈すれば理解が早いと思います。

ただし，仕入割戻し高（リベート）の会計処理については注意が必要です。仕入割戻し高は原則として仕入高から控除しますが，企業によっては営業外収益として計上されることもあります。したがって，その処理の仕方によって売上総利益及び営業利益が大きく変動するため，比率分析を行う際に注意する必要があります。

また，仕入高の計上基準には，①入荷基準と②検収基準とがありますが，どちらを採用するにしても，費用収益対応の原則により売上高と対応している場合には何らの問題ありません。また，当然ですが継続的に適用されることが必要です。

⑸　比率分析で収益性や効率性を見る

売上高と同様に，売上原価についても比率分析を行うことにより，収益性や効率性を見ることができます。また，売上原価の分析は粉飾決算を発見する糸口となることも多いため，しっかりと確認することが大切です。

①　売上原価率を見る

$$\text{売上原価率（\%）} = \frac{\text{売上原価}}{\text{売上高}} \times 100$$

売上原価率とは，売上高に占める売上原価の構成比率のことです。売上高に対する売上原価の割合が低ければ低いほど売上高に対応する原価は低いことになり，これは売上総利益が大きいことと一致します。売上原価率は売上総利益率の逆の比率であることを理解することは容易なことと思います。

一般に売上原価率は，業種や業界，企業規模などによって大きく異なるため，財務分析で活用する際には，その企業の時系列での数値の変化や，同業競合他社の数値との比較などをチェックすることがポイントとなります。

$$売上原価率（\%）= \frac{期首商品棚卸高}{売上高} \times 100 + \frac{当期商品仕入高}{売上高} \times 100 - \frac{期末商品棚卸高}{売上高} \times 100$$

通常，売上原価率の変化要因は売上高対当期商品仕入高比率にあることが多く，これは商品仕入条件（主に仕入単価）に左右される場合がほとんどです。この比率が著しく変動している場合などは仕入条件などに変動がなかったかなどを社長や経理担当者へ確認しましょう。

② 粉飾の有無をチェックする

$$棚卸資産回転率（\%）= \frac{売上高}{商品棚卸高}$$

$$売上高対期末商品比率（\%）= \frac{期末商品棚卸高}{売上高} \times 100$$

売上原価は期末商品の評価方法によって変わります。このため決算書の見栄えを良くするための操作として，期末棚卸資産の評価方法の変更，不良在庫等の評価損未計上，棚卸資産の単純な水増しなどが行われることが少なくないため，十分に注意することが必要です。

売上原価率の分析は棚卸資産の評価による粉飾決算を発見するための重要な糸口となりますので，数値の推移や各経営指標の同業他社平均と比較検討することが重要となります。

製造業の場合には，売上原価を左右する要因は製造原価となりますので，製造原価の分析が必要となります。既に見たように，製造原価は材料費，労務費，製造経費に大別されますので，これらの売上高に対する比率を算出し分析します。

$$売上高材料費率（\%）= \frac{材料費}{売上高} \times 100$$

$$売上高労務費率（\%）= \frac{労務費}{売上高} \times 100$$

$$売上高製造経費率（\%）= \frac{製造経費}{売上高} \times 100$$

3　売上総利益

Point

売上総利益は，企業の最も基礎的な収益力を表す源です。

売上総利益の水準は，企業の販売力や商品力，競争力を表します。

1　売上総利益勘定の内容

①　売上総利益とは，売上高から仕入高など売上原価を差し引いた利益のことをいい，一般的には粗利（粗利益）とも呼ばれます。

②　売上総利益は，企業の最も基礎的な収益力を示すものであり，売上総利益が大きいことは，それだけ利益幅があることとなります。

2　見方と判断ポイント

売上総利益は，その後に様々な種類の経費が差し引かれ，営業利益，経常利益と姿を変えていきます。すなわち，売上総利益は，他のすべての利益の源泉となるもので，一般的にはこの売上総利益が大きければ大きいほど，次の利益の形態である営業利益や経常利益に配分される金額も大きくなります。

また，売上高に占める売上総利益の割合を売上総利益率（粗利率）といいますが，この利益率が高いということは，企業の有する商品や製品，サービスの収益性が高い，すなわち付加価値が高いということを意味します。

$$売上総利益率（\%）= \frac{売上総利益}{売上高} \times 100$$

$$= \frac{売上高 - 売上原価}{売上高} \times 100$$

上記の算式からも明らかなように，売上総利益率は売上原価率と反対の関係にあり，この比率は企業の本質的な収益力を表します。

よって，この比率を同業他社と比較することにより，企業の収益力や付加価値の高さの優劣を判断することができます。同業他社との比較においてこの比率が低いことは，根本的に仕入先や得意先に問題があるか，企業の対外的信用力に問題があることになります。よって，改善策としては仕入ルートや仕入方法，販売先等の見直し等が考えられます。

この比率を時系列比較で見て変化が著しい場合には，市場動向，需要動向の変化によるものか経営上の問題によるものか，しっかりと確認する必要があります。

4　販売費及び一般管理費（全般的事項）

Point

余計な経費負担が大きければ大きいほど企業の利益は減少します。

無駄な経費はないか，前期比較や同業者との比較でチェックします。

1　販売費及び一般管理費勘定の内容

① 販売費及び一般管理費とは，企業の営業活動に要した費用のうち，売上原価以外の営業費用（経費）をいいます。略して販管費とも言います。

② 販売費とは，商品や製品の販売活動にかかる費用（営業コスト）のことであり，一般管理費とは，総務や経理など企業全般にわたる一般管理業務に要する費用のことです。これらを明確に区分することが困難であるため，販売費及び一般管理費として一括表示をしています。

・販売費の具体例：

営業部門や販売員の人件費，販売手数料，荷造運賃，旅費交通費，通信費，水道光熱費，広告宣伝費，交際費，会議費など

・一般管理費の具体例：

管理部門の人件費，福利厚生費，消耗品費，減価償却費，リース料，租税公課，研究開発費，雑費など

２　見方と判断ポイント

(1)　販売費及び一般管理費の計上基準

販売費及び一般管理費に属する費用は，通常は売上高の計上基準とは無関係に発生した時期の期間費用として計上されます。例えば，当期の営業活動のために支出した営業経費が実を結ぶのは来期であることなども多々ありますが，売上原価を除きこれら費用を全て収益と個別に対応させることは困難であるため，支出した期の費用として期間対応という名目で処理されることが一般的です。

(2)　売上高販管費率をチェックする

売上高販管費比率（売上高営業費比率ともいいます）とは，売上高と販売費及び一般管理費との比率を表したもので，売上高に対する販売業務及び管理業務の効率性を考察する指標です。

$$\text{売上高販管費率（\%）} = \frac{\text{販売費及び一般管理費}}{\text{売上高}} \times 100$$

売上総利益率が同業他社に比較して同水準にあるのに売上高営業利益率が低い場合は，その要因は売上高販管費率が高いためであり，すなわち販売費及び一般管理費の負担が大きいということです。よって，営業費のうちのどの項目が高いのか，無駄な一般管理費はないかなど，売上高に対する割合を算出し，同業他社あるいは当該企業の実績と比較検討します。

自社の過去実績や同業他社の水準とかけ離れている場合は，それが大きい場合は経費の浪費などが考えられ，逆に小さい場合にはしっかりとした経費コントロールがされていると見ることができます。

5　役員報酬・人件費

Point

人件費は販管費のうちに占める割合が高い企業がほとんどです。
同業他社や過去実績と比較して人件費率が高い場合には要注意。

1　役員報酬・人件費勘定の内容

⑴　役員報酬

①　役員報酬とは，取締役，執行役，監査役など会社の役員に対して，その職務執行の対価として支払われる役員給与のうち，定期的に支払われるものをいいます。

②　役員報酬には，現金の支給だけでなく，例えば家賃や車など現物支給の経済的利益を含みます。

③　役員報酬及び役員賞与(役員給与)については，株主利益の阻害や租税回避の弊害を防止するためなど，会社法や法人税法で様々な制限が設けられています。

役員給与の取扱いについては特に法人税法上の制限に注意する必要がありますので十分に理解しておく必要があります。

役員は従業員とは異なり自分の給与の額を自ら決定することができるため，役員給与額の決定を通じて会社の利益を操作したり法人税の負担を回避することが可能となります。しかし，これを無制限に認めてしまうと課税負担の公平性を害することとなります。よって役員給与については，会計上は費用として認めつつも，税務上においては一定の制限を設けて，その制限の範囲内においてのみ損金算入が認められています。

法人税法上，役員給与は次に掲げる３つのいずれかに該当する場合に限り損金の額に算入することができます。

1)　**定期同額給与**………支給時期が定期的（1ヵ月以下）で，その事業年度内における各支給時期に同額で支給する給与。

2)　**事前確定届出給与**…所定の時期に確定額を支給する定めに基づいて支給する給与で，事前に所轄税務署へその届出をしたもの。税務署への事前届出がない場合には1）と3）を除き，損金算入されない。

3)　**利益連動給与**………利益に関する指標を基礎として算定し支給する給与。損金算入させるためには，同族会社以外の法人が支給することなど所定の要件があり，主に上場企業が対象となる。

なお，役員給与については，職務内容や収益の状況等に照らし過大であると認められる部分は損金に算入されません。その判断は以下によります。

①　役員の職務内容（会長，社長，専務，常務，執行役，監査役等の区分など），職務に従事する程度（常勤・非常勤の区分）及び経験年数

②　業種，企業規模，所在地，収益の状況

③　従業員に対する給料の支給状況

④　同業種の類似規模の他社役員に対する報酬の支給状況　など

また，定款または株主総会の承認を受けた役員報酬の限度を超えて支給した役員報酬も損金に算入されませんので注意が必要です。

(2)　給料手当

給料手当とは，役務や労働の対価として，雇用契約に基づき従業員に対して支払われる給与，賃金，賞与，各種諸手当の額をいいます。諸手当は，家族手当や住宅手当，時間外勤務手当（残業代），通勤手当，休日出勤手当，職務手当など企業により様々です。また，役員給与と同様に，金銭で支給されるものに限らず，現物支給を含む様々な経済的利益

も給料手当に含まれます。

なお，通勤費は通勤手当として「給料手当」として処理されることもあれば，「旅費交通費」として処理されることもあります。

役員報酬とは異なり，従業員に対する給料や賞与は，原則として会計上も税務上も全額費用に計上することができます。

2　見方と判断ポイント

(1)　人件費率をチェックする

損益計算書上の従業員給料手当，賞与，賃金，通勤費，法定福利費，福利厚生費などを総称して「人件費」といいます。

業種にもよりますが，人件費は販売費及び一般管理費に占める割合が比較的高く，販売費及び一般管理費の増減変化に多大な影響をもたらすと同時に，企業の収益力変化の主要因となります。

そこで，次のような指標を用いて分析を行います。

$$\text{従業員1人あたり月平均人件費} = \frac{\text{人件費}}{\text{専従役員}+\text{従業員数}} \div 12$$

まずはこの比率によって従業員の給与ベースとして算出します。この水準を世間相場や同業他社の比率と比較し，また，企業の過去実績などと対比することにより労務状況を把握します。

$$\text{売上高人件費比率} = \frac{\text{人件費}}{\text{売上高}} \times 100\%$$

売上高人件費比率は，売上高に対して人件費がどれくらいかかっているかを示す指標です。売上高に比して人件費の割合が高い場合には，従業員数（年齢構成や勤続年数構成）や給与水準等に要因があるので，従業員１人あたり売上高や従業員１人あたり月平均人件費等を比較することにより，効率性と給与水準の妥当性と併せて要因を究明していく必要があります。

もちろん，この比率を同業他社と比較して検討することも重要です。

⑵　使用人兼務役員とは

会社の取締役が，役員であると同時に営業部長や経理部長，工場長などの使用人としての地位を兼務している場合は使用人兼務役員といい，当該役員に支給する給与は，業務の負担割合に応じて役員給与と従業員給料手当に分けられます。

使用人兼務役員の要件は次のとおりです。

①　部長，課長その他会社の従業員として職制上の地位を有すること

②　常時従業員として職務に従事すること

③　次の者に該当する者でないこと

・代表取締役，社長，副社長，専務取締役，常務取締役，監査役及びこれらに準ずる役員

・同族会社の判定の基礎となった者で一定の者

6　福利厚生費

Point

福利厚生費は一種の人件費。比率分析を行う際にも勘案します。

福利厚生費の額が同業他社に比較して高い場合には，従業員の福利厚生に対する配慮が高く，安定的な従業員の定着につながっているとも考えられます。

1　福利厚生費勘定の内容

① 福利厚生費とは，従業員の福利厚生のために給与等以外に支出される費用のことをいいます。

② 福利厚生費は，全従業員に対して平等に支出されることが条件となっており，したがって，特定の役員や従業員のために支出したものは給与となります。

2　見方と判断ポイント

(1)　福利厚生費の具体例

福利厚生費は，従業員の労働環境を整備する費用で，広義の人件費支出の一形態であるといえます。具体的には次のような支出が該当します。

① 医療・保健関係…………常備薬，定期健康診断，予防接種，など
② 厚生施設関係……寮，社宅，食堂等の整備・維持費，賄費など
③ 慶弔関係…………結婚祝い，出産祝い，傷病見舞金，香典など
④ 消耗品費…………制服，作業服，お茶，トイレットペーパーなど
⑤ 親睦活動費………懇親会費，クラブ活動，社員旅行，慰安旅行など

⑥　各種保険料………社会保険料など

なお，会社負担の社会保険料（健康保険料，厚生年金保険料，雇用保険料の事業主負担分及び労災保険料等）は「法定福利費」として別の勘定科目で処理される場合もあります。

⑵　給与や交際費との違いを理解する

実務上は福利厚生費と給与や交際費との区別は非常に困難ですし，微妙なところも多々ありますが，税法上は詳細なルールがあります。

税法上に定められた福利厚生費の範囲を超える場合には，例えば食事代や社員旅行代なども福利厚生費として認められないことがありますので注意が必要です。この場合，例えば社員旅行に要した費用のうち福利厚生費として認められる範囲を超える部分は，社員に給与として現物支給されたものとみなされ，当該社員には所得税がかかるため要注意です。

7　広告宣伝費

Point

広告宣伝費の支出が多すぎると利益は圧迫されます。

どのような種類の広告宣伝なのか，売上にいつ結びつくのかをチェックします。

1　広告宣伝費勘定の内容

① 広告宣伝費とは，商品や製品またはサービスの宣伝，求人，会社のイメージアップ，決算公告などを目的として，不特定多数の人を対象に行われる広告宣伝のために支出する費用をいいます。

② 広告宣伝の媒体には，テレビや新聞，雑誌などのマスコミ，ポスターやチラシなどの印刷物，看板や広告塔などのほか，試供品の頒布やダイレクトメール，贈答用のタオルやカレンダー，ホームページなどがあります。

③ 広告宣伝費には，支出した事業年度の費用となるもののほか，前払費用となるものや固定資産となるものがあります。例えば，1年超の長期契約の広告料や広告用資産の賃借料等で翌期以降に対応する部分は前払費用となります。耐用年数1年以上の広告用固定資産（ネオン塔，広告用ショーケース，ＰＲ用映画，ソフトウェア，ビデオ製作，放送宣伝車など）は固定資産となります。

2　見方と判断ポイント

(1)　比率分析により実態を把握する

売上高に対して広告宣伝費をどれだけ投入したかを計る指標に売上高

対広告宣伝比率があります。自社と業界平均や競合他社との比率を比較することにより，自社の広告の費用対効果などを判断することが可能です。

$$\text{売上高対広告宣伝費比率（\%）} = \frac{\text{広告宣伝費}}{\text{売上高}} \times 100$$

この比率は，広告宣伝費の売上高に対する寄与度（貢献度）というよりも，売上高に対する一種の経費率として捉える方が適しています。すなわち，この比率が低ければ低いほど経費率が低いことを意味し収益力は高まります。

また，広告宣伝費の金額推移も慎重に経過観察する必要があります。業績が好調な時はともかく，業績不振時に経費削減の対象項目として真っ先に挙げられる項目が広告宣伝費のため，企業の経費削減への取組姿勢を判断する材料となります。

また，この比率が同業他社と比較して異常に高く，売上高営業利益率が低い場合には次のような問題点が考えられます。社長や経理担当者へしっかりとヒアリングし，実態を把握することが肝要です。

① 無駄な広告宣伝に多額の費用を費やしている
② そもそも多額の広告宣伝費を投入しなければ売上が維持できない
③ 事業計画や経営方針が甘く，経費削減が図れていない
④ 得意先との関係で不要な広告宣伝費をかけざるを得ない

(2) 広告宣伝費の種類を見極める

既述の通り，広告宣伝費には多様な支出がありますが，一般にプロモーション費用には，プル戦略を進めるための広告宣伝費と，プッシュ戦略を進めるための広告宣伝費（販売促進費）とがあります。どちらの種類の広告宣伝費なのかにより，支出の額や対象が異なります。

一般消費者などマスの顧客を対象とする場合にはプル戦略を重視するため,売上高対広告宣伝費比率が高くなる傾向があります。業種や規模,ターゲット市場，商品や製品の特性などにより平均的な広告宣伝費の値は異なるため，どのような目的の広告宣伝費なのかをきちんと確認する必要があります。

(3) 交際費との違いを理解する

広告宣伝費は不特定多数の人を対象として支出する費用ですので，特定の人を対象とするものは原則として交際費になります。

例えば，一般の不特定多数の人を対象とした抽選による海外旅行への招待，見本品や試供品，工場見学などで供する試食や試飲にかかる費用は広告宣伝費となります。また，取引先等を介して不特定多数の人の手に渡る社名入りのカレンダーやボールペン，手帳やタオルなども広告宣伝費として処理されます。

これに対して，得意先の社長を旅行やスポーツ観戦，観劇などに招待した場合には，これは特定の人を対象としている支出ですので，交際費として処理されます。

8　減価償却費

Point

減価償却費は会計上費用として計上されますが，実際には現金支出を伴いません。

減価償却は粉飾決算に利用されることがあるため注意が必要。

1　減価償却費勘定の内容

①　減価償却とは，固定資産の取得価額を耐用年数（使用可能期間）に応じて各期の費用として配分する（費用化する）ものであり，減価償却費とは，減価償却の結果，各期間に計上される費用をいいます。

②　①をもう少し具体的にいうと，建物や機械等は使用年数に応じて摩耗や劣化等して経済的価値が減価（減少）していきます。そこで，固定資産の取得価額をその耐用年数に応じて各事業年度ごとに規則的に費用に計上することが認められており，この費用を減価償却費といいます。

③　減価償却を実施する資産を減価償却資産といいますが，具体的には，建物，建物附属設備，機械装置，車両運搬具，工具器具備品などがあります。また，減価償却を実施しない資産を非償却資産といいますが，これには土地や借地権，建設仮勘定や書画・骨董品などがあります。

図表２－19　主な減価償却の方法

償却方法	内容と計算式
定額法	・毎事業年度において同額の償却費を計上する方法 ・償却限度額＝（取得価額－残存価額）×耐用年数に応じた定額法の償却率
定率法	・毎事業年度において一定の償却率により計算していく方法 ・償却限度額＝（取得価額－償却累計額）×耐用年数に応じた定率法の償却率

２　見方と判断ポイント

(1)　減価償却方法の概要を理解する

減価償却の方法には様々な方法がありますが，一般的には定額法及び定率法が採用されており，その他（生産高比例法，リース期間定額法などがあります）はそれほど採用されることがないため，以下は定額法と定率法に絞って説明していきます。

まず，税法上，減価償却については法人の場合と個人の場合で取扱いが異なります。個人（所得税法）は強制償却といって，必ず償却限度額を減価償却費として必要経費に算入しなければいけません。法人（法人税法）の場合は任意償却と言って，各事業年度に計算された償却限度額以内で任意に減価償却費を計上することができます。

平成19年3月31日以前に取得した減価償却資産については，「旧定額法」や「旧定率法」などの方法により，また，平成19年4月1日以後に取得した減価償却資産については，「定額法」や「定率法」などの償却方法で減価償却を行います。有形固定資産については定額法及び定率法，無形固定資産は定額法により償却することが通常です。なお，平成10年4月1日以後に取得した建物の償却方法は旧定額法または定額法のみとなりますので注意が必要です。さらに，平成28年度税制改正

図表2－20　定額法と定率法の比較

定額法	①毎期均等に減価償却費が計上される ②毎期均等のため償却費の予想が容易である
定率法	①価値の低下に伴い，早期に減価償却費を計上できる ②減価償却費が早期に計上されるため節税効果がある ③減価償却費が早期に計上されるため投資額の回収が早まる

により，平成28年4月1日以後に取得する建物付属設備と構築物の法定償却方法が「定率法」から「定額法」に変更されましたので併せてご留意ください。

これらの償却方法は，減価償却資産の種類ごとに選定しますが，この場合，税務署に対して償却方法の選定の届出が必要です。また，減価償却の方法を変更しようとするときは，税務署に申請書を提出してその承認を受ける必要があります。

また，償却方法を選定しなかった場合には，建物及び無形固定資産については法人も個人も定額法により，その他の有形減価償却資産の場合は，法人は定率法により計算し，個人は定額法により計算しなければなりません。この選定しなかった場合の償却方法を法定償却といいます。

(2)　少額減価償却資産の特例と一括償却資産

中小企業者等が，取得価額30万円未満である減価償却資産を平成18年4月1日から平成30年3月31日までの間に取得して事業の用に供した場合には，一定の要件のもとに，その取得価額に相当する金額を全額損金算入することができます。これを少額減価償却資産の特例といいます（平成30年度税制改正大綱では適用期限が2年間延長となりました）。

この特例の対象となる法人は，資本金1億円以下の青色申告法人に限られます。また，この特例の適用を受ける事業年度における少額減価償却資産の取得価額の合計は300万円までとなっています。

このほか，取得価額が10万円以上20万円未満の減価償却資産については，これを3年間で均等償却する一括償却資産の損金算入の規定を選択することができ，この方法もよく利用されているので覚えておきましょう。

(3) 減価償却費の金融的効果を理解する

減価償却費は費用配分の原則に基づいて期間費用として算出されます。費用は何らかの現金的支出を伴うことが通常ですが，減価償却費は単なる計算上の費用であり現金的支出を伴うことはありません。この結果，損益計算書においては減価償却費分の利益が圧縮されますが，これについては実際の現金等の支出はなく，この分資金が浮いてくることになります。

すなわち，減価償却費は支出を伴わない費用のため資金の流出がありません。言い換えれば，損益計算書上は経費として計上されますが，その分の資金は手元に残ったままです。これを減価償却費の自己金融効果（機能）といいます。

したがって減価償却費は内部留保利益の一部を構成することになり，設備への再投資資金あるいは長期借入金の返済財源となります。

(4) 粉飾決算の有無をチェックする

減価償却費は会計処理上の費用であり，また，特に法人の場合にはその償却が任意となっているため，利益操作や利益調整に利用されやすい特徴があります。減価償却費は経理処理上において経費として計上しなければ税務上損金に算入することができません。そこで，多額の利益が計上されているときは当然に償却限度額一杯まで償却しますが，あまり利益が出ていないときや赤字のときには，償却限度額まで償却しない，または，そもそも減価償却を行わないなど，利益の圧縮や増幅のための操作が行われることがあります。

これらの処理が行われているか否かは，法人税別表や減価償却明細表などを確認することにより把握することができますので，必ずチェックするようにしましょう。

また，減価償却方法には定額法と定率法があることは既述のとおりですが，これらの方法の違いを利用して，収益力のあるうちは定率法で実施し，収益力が落ち込んできたときには定額法へ変更して費用を小さくし，利益を水増しする方法が取られることもあります。これらの操作については後述する固定資産償却率の推移を見て異常がないかを確認します。

(5) 固定資産償却率をチェックする

この比率は償却対象資産に対する償却費の割合を示します。

$$\text{固定資産償却率（\%）} = \frac{\text{当期減価償却費}}{\text{期末有形減価償却資産＋当期減価償却費}} \times 100$$

※期末有形減価償却資産　＝　期末有形固定資産　－（土地＋建設仮勘定）

この比率の有効性は時系列的変化の有無の確認にあります。固定資産償却率は新規の設備投資が行われたときのほか，減価償却方法の変更があった場合に大きく変化します。よって，設備投資が行われていないにもかかわらず固定資産償却率が低下している場合には，償却費の圧縮による利益の水増しといったことが考えられるため，その原因を注意深く追求する必要があります。

9　地代家賃

Point

企業規模や業種平均と照らして，適正な賃料水準となっているかをチェックします。

役員や親族に対する地代家賃の支払いがある場合は要注意。

1　地代家賃勘定の内容

① 地代家賃とは，事務所や店舗，倉庫や社宅などの建物の家賃及び共益費や，駐車場の使用料その他の土地の使用料など，建物や土地を賃借した場合に支払う賃料をいいます。

② 企業により，「賃借料」「不動産賃借料」「支払家賃」「傭車料」などの勘定科目を使用することもあります。また，地代家賃とリース料を併せて「賃借料」勘定で処理されることもあります。

2　見方と判断ポイント

(1)　賃料支払の水準をチェックする

地代家賃や賃借料などの勘定科目が損益計算書上に計上されているということは，企業が何らかのものを賃借し支払をしていることを意味します。そこで，その企業の体力（財務体質・収益力・償還能力等）に応じて適正な水準の賃料となっているかを確認します。

企業の体力に見合わない水準の賃料を支払っている場合は，例えば社長の見栄などのためだけにインテリジェンスオフィスに入居して高額な賃料を支払っていることなどもありますので，事情をよく斟酌する必要があります。業種や企業規模にもよりますが，一般的には売上高の5%

～10%程度，高くても15%程度の金額が適正賃料の水準といえるでしょう。

(2) 役員や親族等に対する地代家賃の支払有無をチェックする

中小企業の場合には特に，オーナー社長やその親族に対して何かしらの賃料が支払われているケースが少なくありません。社長個人が所有している土地の上に会社が建物を建てている場合の地代や，親族が所有するビルの一室を賃借している場合の賃料などがその代表です。

このようなケースの場合には，その賃料設定などが近隣相場と照らして適正なものであるか否かをしっかりと確認するようにします。不相当に高額な賃料設定となっていて，会社の資金がオーナー個人へ流れている場合などは要注意です。

10　租税公課

Point

租税公課の支出額は企業の所有不動産や営業所等の数などにより異なります。

罰金や科料などの項目が目立つ場合には，経営者の姿勢などを確認します。

1　租税公課勘定の内容

① 租税公課とは，企業に課せられる税金（国税及び地方税），国や地方公共団体などから課せられる賦課金，交通反則金などの罰金など，租税と公課の負担一般を処理するための勘定科目です。

② 「公租公課」という勘定科目が使用されていることもあります。

2　見方と判断ポイント

租税公課勘定に計上される項目の具体例は以下の通りです。

① 国税……………法人税，消費税，印紙税，登録免許税

② 地方税…………法人住民税，法人事業税及び地方法人特別税，地方消費税，固定資産税，都市計画税，不動産取得税，自動車税，事業所税

③ 公課……………公共的な賦課金（同業組合，町内会，商工会議等の組合費等）

④ 罰金科料等……延滞税，延滞金，交通反則金

なお，法人税，法人住民税，事業税及び地方法人特別税については，租税公課勘定ではなく「法人税，住民税及び事業税」という勘定科目で

損益計算書の下段に記載されることが一般的です。

また，資本金１億円超の法人で法人事業税に外形標準課税の適用を受ける会社の場合は，法人事業税のうち外形基準部分の付加価値割と資本割部分のみ販売費及び一般管理費に計上されます。

11　旅費交通費

Point

出張旅費などの金額が高額で目立つ場合には内容を確認します。

1　旅費交通費勘定の内容

① 旅費交通費とは，役員や従業員が会社の業務遂行上に要した交通手段である電車代やバス代，タクシー代や航空運賃，船賃などの支出をいいます。

② 旅費とは，遠隔地に出張した場合に旅費規定等に基づいて支給される出張旅費をいい，移動に要する交通費のほか，宿泊費や日当なども含みます。

③ 交通費とは，近距離の移動に要した交通費（電車，バス，タクシーなど）を意味します。

2　見方と判断ポイント

旅費交通費には，会社の業務遂行上に要した交通手段の運賃，一時駐車料，有料道路通行料等のほか，国内外の出張に際しての鉄道運賃や航空料金，船賃，電車，バス，タクシー代等及び出張時の宿泊料，日当等，また転勤時の赴任旅費，支度金等も含まれています。

税務上，海外渡航費については，業務上の必要性に関連して通常必要であると認められる金額を超える場合には役員または従業員への給与とされるため注意が必要です。出張の多い企業の場合には，旅費規程などがきちんと整備されているかを確認し，不当に高額な日当などが支出されていないかなどを簡単に確認しておきましょう。

12　交際費（接待交際費）

Point

交際費支出が異常に多い場合は，その支出の効果や支出の意図を確認します。

交際費は簿外資金（裏金）を作るための温床となりうる科目であるため注意が必要です。

1　交際費勘定の内容

① 交際費とは，得意先・仕入先等の取引先その他業務に関係する者（支出企業の役員，従業員，株主を含む）に対して，接待，慰安，供応，贈答，その他これに類似する行為のために支出される費用をいいます。

② 来客接待の飲食費，得意先等への手土産代，取引先への餞別，見舞金，お中元やお歳暮，取引先との親睦旅行やゴルフ代，会議に伴う宴会費，創立記念日等の宴会費や記念品代などが該当します。

図表２－21　交際費の損金算入限度額

区分	損金算入額
期末資本金または出資の額が１億円以下の企業（中小法人）	年800万円または接待飲食費の50%（いずれかの選択適用）
期末資本金または出資の額が１億円超の企業（中小法人以外）	接待飲食費の50%

※上記の金額を超える部分について損金不算入となります。

2　見方と判断ポイント

(1)　課税上の取扱いを理解する

交際費は企業が事業を遂行する上で不可欠な費用ですが，一般には過度な接待や事業本来の目的から外れた支出が多いことも事実です。そこで，法人税法上は交際費について一定の制限を設け，一定の限度額を超える交際費等は損金に算入しないなどの厳しい制限があります。

(2)　比率分析により支出の多寡を見る

交際費については不必要な支出が見受けられるケースが少なくありません。そこで，接待交際費の売上高に対する比率や水準などにも着目し，損益計算書上の交際費の金額から，企業の経営姿勢などを見ることが重要です。

$$\text{接待交際費対売上高比率（\%）} = \frac{\text{接待交際費}}{\text{売上高}} \times 100$$

(3)　1人あたり1回5,000円以内の外部事業関係者との飲食代

平成18年度税制改正により，平成18年4月1日以降に開始する事業年度分から，1人あたり1回5,000円以内の外部事業関係者との飲食代については，交際費の限度額とは別枠で損金算入が認められることとなっています。

簡単にいえば，1人あたり1回5,000円以内の飲食代に限り，得意先や仕入先などに対する接待であっても，これを全額損金算入することが可能となりました。

この規定の適用に当たっては，以下の2つの要件をクリアする必要があります。

①　**社内飲食代でないこと**

企業の外部関係者を交えない，いわゆる社内飲食代は除かれます。

逆にいえば，一人でも外部関係者がいればこの規定を適用することが可能です。

② 所定の事項を記載した書類を保存すること

この規定は次の事項を記載した書類（一般的には飲食店の領収書など）を保存している場合に限り適用されます。

1. 飲食等の年月日
2. 飲食等に参加した取引先等の氏名または名称及びその関係
3. 飲食等に参加した者の数
4. 要した費用の金額及び飲食店等の名称及び所在地
5. その他の参考事項

13　雑費

Point

雑費の金額が不相当に大きな場合は，経理処理がずさんな場合が多いので注意が必要です。

1　雑費勘定の内容

雑費とは，販売費及び一般管理費に含まれる費用のうち，発生頻度が少なく，金額的にも僅少な費用で，他のどの勘定科目にも当てはまらない一時的または臨時的費用を一括して計上するものをいいます。

一事業年度中に同じ経費が相当回数発生する場合や，金額が大きな場合などはこの勘定科目に含めずに，独立した勘定科目で処理することが望ましいといえます。

2　見方と判断ポイント

この勘定科目には，例えば会議費，リース料，諸会費，消耗品費，事務消耗品費，修繕費，水道光熱費，保険料，通信費などで，その金額が僅少なもの（重要性の乏しいもの）を集計し一括計上します。

雑費については，会計処理の透明性を判断する勘定科目として捉えることができます。この勘定科目の性格上，販売費及び一般管理費に占める雑費の割合は相当に低いはずで，この比率が低ければ低いほどより細かい会計処理がなされていることを表します。逆にいえば，雑費の比率が高い場合には，使途不明金に類する金額が入っていることも考えられ，また，会計処理がずさんで透明度が低いということが考えられます。

14　営業利益

Point

営業利益は企業活動の実態(本業を)を反映する利益です。
営業利益の優劣の要因は売上高販管費率にあることが多いです。

1　営業利益勘定の内容

① 営業利益とは，企業の主たる営業活動により獲得された利益をいいます。

② 営業利益は，売上総利益（売上高－売上原価）から販売費及び一般管理費を差し引いて得られる利益のことです。

2　見方と判断ポイント

(1)　売上高営業利益率をみる

企業が事業活動を継続するうえでは，その運営のためのコストは必要不可欠のものです。したがって，営業利益は事業の営業活動の成果を現実的に表した数字であり，この営業利益がマイナス（赤字）の場合には，当該企業の本業が赤字であることを意味します。

$$\text{売上高営業利益率（\%）} = \frac{\text{営業利益}}{\text{売上高}} \times 100$$

$$= \frac{\text{売上総利益}}{\text{売上高}} \times 100 - \frac{\text{販売費及び一般管理費}}{\text{売上高}} \times 100$$

$$= \text{売上総利益率} - \text{売上高販管費率}$$

これらの比率を同業他社と比較することにより，企業本来の営業活動における収益力の判断を行います。売上総利益率が同業他社に比較して高く，売上高営業利益率が低い場合には，その要因は高コスト体質（売上高販管費率が高い）であることを意味します。販売費及び一般管理費の各勘定科目の売上高比率を算出し，また，各勘定科目の内容を精査してその要因を把握します。

(2) 経営資本営業利益率をみる

経営資本とは，総資本(総資産)のうち本来の経営活動に利用されている資産のことをいい，この経営資本に対してどれほどの営業利益が計上されているのかをチェックします。つまり，この数値が高ければ高いほど，より少ない経営資本でより多くの営業利益を獲得できるということになります。

経営資本 ＝ 総資産－（未稼働固定資産及び建設仮勘定＋投資その他の資産＋繰延資産）

$$経営資本営業利益率(\%) = \frac{営業利益}{経営資本} \times 100$$

$$経営資本営業利益率(\%) = \frac{営業利益}{経営資本} \times 100$$

$$= \frac{売上高}{経営資本} \times \frac{営業利益}{売上高} \times 100$$

$$= 経営資本回転率（回） \times 売上高営業利益率（\%）$$

経営資本営業利益率が低い場合には，営業利益の減少の原因となる売上高の不振，設備への過大投資，経費の無駄な消費等々が原因であることがほとんどです。社長や経理担当者などはこのあたりの事情をしっかりと確認することが重要です。また，経営資本の増加の原因となる借入金の増加等がないかどうかについても確認するようにしましょう。

さらに，上記の算式からも明らかなように，経営資本営業利益率は，経営資本回転率と売上高営業利益率に分解することができます。したがって，経営資本営業利益率の時系列変化要因あるいは同業他社との優劣の要因を把握する場合に上記に分解し比較することにより，その要因がどこにあるかを把握することが可能となります。

1　営業外収益（全般的事項）

Point

営業外収益が過大である場合は本業が疎かになっている可能性があります。

1　営業外収益勘定の内容

① 営業外収益とは，企業本来の営業活動以外の活動で毎期継続的に発生する収益をいいます。

② 具体的には，受取利息，受取配当金，有価証券利息，有価証券売却益，投資不動産賃貸収入，仕入割引，為替差益など，金融上の収益や財務収益がこれらに含まれます。

2　見方と判断ポイント

(1) 具体的な勘定科目の内容を理解する

① 受取利息

預貯金や公社債等の利子，公社債投資信託の分配金，関係会社や取引先，従業員等に対する貸付金利息など，金銭の運用に基づく収益をいいます。

② 受取配当金

所有株式の配当金，中小企業協同組合などの特別法人からの配当金，証券投資信託の収益分配金などです。

③ 有価証券売却益

公社債や株式等の売却益をいいます。原則として，貸借対照表の流動資産（売買目的のもの）に計上している有価証券等の売却益をいいます。なお，固定資産や投資有価証券に計上されているもので純投資以外のもの及び金額的に異常かつ臨時の場合等には特別利益に計上します。

④　雑収入

営業外収益項目のうち上記以外のもので金額的に重要性の少ない雑多な項目を含めて取り扱われる勘定科目です。

⑵　売上高営業外収益率をチェックする

売上高営業外収益率は，売上高に対して営業活動に直接関係のない営業外収益がどれくらいあるかを示します。よって，一般にこの比率が高いほど企業の総合的収益力は良いことになります。

$$\text{売上高営業外収益率（\%）} = \frac{\text{営業外収益}}{\text{売上高}} \times 100$$

ただし，売上高営業利益率に比較してこの比率が同等あるいは上回るような場合には，本来の営業資金が営業外に運用されていることを意味するため，企業活動が本末転倒となっている可能性が高く，問題視する必要があります。

$$\text{営業外収支比率（\%）} = \frac{\text{営業外収益（収入）}}{\text{営業外費用（支出）}} \times 100$$

営業外収支比率は，営業外費用に対する営業外収益の割合を示します。この比率が100％以上であることは，営業外収入により営業外支出を賄っている状態を示し好ましい状態といえます。

$$\text{売上高営業外収支比率（\%）} = \frac{\text{営業外収益} - \text{営業外費用}}{\text{売上高}} \times 100$$

売上高営業外収支比率は，売上高に対する営業外収支の割合を示します。国際的にみて日本企業は有利子負債の割合が多く，この比率がマイナスとなるケースが散見されます。マイナスの比率が低ければ低いほど，逆にプラスの場合には高ければ高いほど営業外の収支は良好であるということができます。

２　営業外費用（全般的事項）

Point

・営業外費用は，支払利息などの金融費用が占める割合がほとんどです。

１　営業外費用の内容

営業外費用とは，企業が本来の営業活動を遂行するうえで付随的に発生する費用及び本来の営業活動以外の活動により発生する継続的な費用をいいます。

具体的には，各種借入金の支払利息や商業手形割引時における割引料，有価証券等の売却損・評価損，営業外債権の貸倒損失，売上割引，為替差損などが挙げられます。

２　見方と判断ポイント

主な項目について，その内容を理解しておきましょう。

①　**支払利息**

金融機関や取引先などからの借入金にかかる利息・利子

②　**手形割引料**

手形を割り引いたとき金融機関に支払う手数料

③　**有価証券売却損**

原則として売買目的有価証券等を売却した際に生じる売却損（簿価と時価との差額）

④　**有価証券評価損**

企業が保有している売買目的有価証券等の期末時点の時価と簿価と

の差額に損失が生じている場合の金額

⑤　売上割引

売掛金が支払期日前に決済された場合に，支払期日短縮により得意先に対して行う利息の一部免除（ディスカウント）

⑥　為替差損

外国通貨や外貨建て債権債務を有している場合に，円貨での決算や換算などの際に外国為替相場（為替レート）の変動により生じた損失

⑦　雑損失

営業外費用のうち，発生頻度が少なく，科目・金額共に重要性の乏しいものを一括して計上するもの

3　支払利息・割引料（手形売却損）

Point

金融費用負担率が高いことは借入が過多であり，倒産リスクがあります。

金融費用負担率 5% 以上，インタレスト・カバレッジ１倍以下は要注意先です。

1　支払利息・割引料勘定の内容

① 支払利息・割引料とは，企業活動に必要な運転資金や設備資金等の借入金に対する支払利息及び受取手形を割り引きした場合の手形割引料などをいいます。

② 借入先には，金融機関以外の法人や個人，すなわち関係会社や取引先，役員や従業員等個人からの借入金も含まれます。また，社内預金に対する支払利息や営業上の債務に対する支払利息も含まれます。

③ 平成 12 年４月１日以降は，手形の割引は売却として処理し，割引料は手形売却損として全額売却時に費用処理し，支払利息とは別に「手形売却損」として表示されることになりました。ただし，実務上は現在も「支払利息・割引料」として表示している企業も少なくありません。

2　見方と判断ポイント

(1)　金融費用負担率を見る

金融費用負担率とは，企業が負担する支払利息などの金融費用が売上高に対しどのくらいかの割合であるかを示すものです。

$$\text{金融費用負担率（\%）} = \frac{\text{金融費用（支払利息・割引料）}}{\text{売上高}} \times 100$$

※売上高金融費用比率，売上高対支払利息比率等ともいいます。

本来，金融費用は営業利益のうちから支払われる必要があります。よって，金融費用負担率は営業利益率の範囲内にある必要があるといえます。

この比率は業種によって異なりますが，例えば卸売業や小売業にあっては，通常3～4%程度（金利水準により変動します）が上限と言われており，それ以上の場合には営業利益を金利が食いつぶしている状態であるため，要注意先と見るべき状況であると判断します。

(2)　インタレスト・カバレッジ・レシオとインタレスト・カバレッジ

インタレスト・カバレッジ・レシオとは，どの程度の余裕をもって営業利益の範囲内で借入金利息をまかなっているかを示す指標です。

営業活動で得た利益（営業利益）で支払利息が全て支払える状況の営業利益は，営業利益－支払利息＝0（ゼロ），すなわち営業利益＝支払利息となります。この支払利息＝営業利益を基準として，その何倍の営業利益を稼いでいるかを表す指標がインタレスト・カバレッジ・レシオ（利息をカバーする割合）です。

$$\text{インタレスト・カバレッジ・レシオ（倍）} = \frac{\text{営業利益}}{\text{支払利息}}$$

厳密に考えれば，受取利息と受取配当金は今期継続的に発生する金融収益ですので支払利息を支払う原資としてみることができますし，また，手形割引料は支払利息とほぼ同じ性格のものと考えることができるため，これらを分子と分母にプラスしたものがインタレスト・カバレッジです。

$$\text{インタレスト・カバレッジ（倍）} = \frac{\text{営業利益＋受取利息・配当金}}{\text{支払利息・割引料}}$$

この指標は，支払利息など金融費用を営業利益及び金融収益でどの程度カバーしているかをみるもので，この倍率が高いほど金融負担能力に余裕があることを示します。

これらの数値が1倍以下の場合には，利払能力の観点より有利子負債の安全性に問題があるといえますし，これ以上の融資を行うことはできないと判断することになります。当然ですが，この数値が高い企業ほど金利負担能力が高く安全であると判断することができます。なお，この比率は10倍以上あることが通常で,20倍以上あることが理想といえます。

(3)　純金利負担率を見る

売上高純金利負担率は，売上高が負担する金融費用の純額の割合を示す指標です。この比率によって売上高による純金利の負担状況を見ることができます。

$$\text{純金利負担率（\%）} = \frac{\text{支払利息・割引料－受取利息・配当金}}{\text{売上高}} \times 100$$

この比率が低ければ低いほど金融費用の負担が少なく，借入金依存度が低いことを示します。また,将来の金利変動に対するリスクが小さく,経営が安定しているといえるでしょう。

さらに，この比率が売上高営業利益率より高い場合には，通常は経常利益は赤字となるため，赤字体質の企業であることを意味します。

4　経常利益

Point

経常利益は企業の経営活動の総合成果を表します。

総資本経常利益率（ROA）は，企業の比率分析における最重要指標です。

1　経常利益勘定の内容

経常利益とは，営業利益から通常の営業活動以外の継続的に生じる収益や費用（営業外収益と営業外費用）を加減した利益のことです。したがって経常利益は，本業と副業とを合わせた会社の実力を示す利益となります。

日本企業の特性は，自己資本過少で資金調達はとりわけ借入依存度が高く，営業活動は借入金のうえで成り立っているといっても過言ではない状況です。よって，営業活動と金融費用は不離一体の関係にあることから鑑みて，経常利益は企業の営業活動における総合的収益力の表れであるといえます。

2　見方と判断ポイント

(1)　売上高経常利益率を見る

経常利益の「経常」とは，一定の状態で継続して変わらないことを意味します。企業の利益を考える際，通常は営業利益を見ればこと足ります。しかし，本業の利益以外に固定的に発生する収益や費用がある場合は，それを加減して本業以外の収支を含めた形で利益を考える方が，より実態に即した利益になります。

$$売上高経常利益率（\%） = \frac{経常利益}{売上高} \times 100$$

売上高経常利益率は，売上高に対する経常利益の割合を表す比率で，この比率が高ければ高いほど企業の総合的な収益力が高いといえます。

損益計算書の構成から，売上高営業利益率が高いにもかかわらず経常利益率が低い場合には，その要因は営業外収支にあることになりますので，金融費用負担率や純金利負担率等を十分に検討することが必要です。特に，借入依存度が高い企業の場合にはこの傾向が顕著に表れますので，注意深く観察するようにしましょう。

⑵　総資本経常利益率（ROA）を見る

総資本経常利益率は，企業に投下された全ての資本に対してどれだけの経常利益を上げたかを示す比率です。すなわち，企業が使ったお金に対してどれだけの利益をあげることができているかを見る指標です。

総資本の運用形態は総資産であり，当然に金額も同額であるため，総資本経常利益率は別名総資産経常利益率（return on assets ROA）とも呼ばれます。

$$総資本経常利益率（\%） = \frac{経常利益}{総資本} \times 100\%$$

≪総資本回転率≫≪売上高経常利益率≫

$$= \frac{売上高}{総資本} \times \frac{経常利益}{売上高} \times 100$$

総資本経常利益率は，営業利益の項で説明した経営資本営業利益率に類似した比率ですが，一般的には総資本経常利益率が広く使われています。総資本は貸借対照表のすべての資本であり把握が容易であること，また，日本企業における借入依存体質などの特性により，企業の収益力測定には経常利益が最も適していることなどから，総資本経常利益率が企業の総合的収益力を判断する，収益性比率の代表的指標となっています。

前記算式で明らかなように，総資本経常利益率は，総資本回転率と売上高経常利益率に分解することができます。総資本経常利益率の変化の要因や同業他社との優劣の差の要因を把握する場合には，これらの比率を算出して前期や前々期との推移の変化を見ることにより，また同業他社の水準と比較分析するより，収益実体を把握することが可能となります。

1　特別利益・特別損失

Point

通常は発生しない項目であるため，計上金額に留意してその発生理由を把握します。

特別損益は企業本来の収益力に影響しません。

固定資産売損益が大きい場合は，事業への影響度合をチェックします。

1　特別利益及び特別損失勘定の内容

特別利益とは，損益計算書における利益のうち，主たる営業活動以外で，臨時的・突発的(偶発的)に発生した利益をいい，特別損失とは，その逆に臨時的・突発的(偶発的)に発生した損失をいいます。

主なものとして，固定資産売却損益，投資有価証券(転売以外の目的で取得したもの)の売却損益，火災や風水害等災害による損失，前期損益修正としての過年度の引当金及び減価償却費の過不足修正，棚卸資産評価額の訂正，過年度償却債権の取立額などがあります。

2　見方と判断ポイント

この項目で処理される主な勘定科目の名称と内容を理解しておきましょう。

①　固定資産売却損益

土地や建物など固定資産を売却したときに発生します。売却価額が帳簿価額を超える場合にはその差額が売却益に，逆の場合には売却損となります。企業の保有する固定資産は営業の基盤であり，この売却によって営業活動及び資金繰りに影響が発生します。この勘定科目がある場合には，売却の経緯や理由を明確にして，事業への影響度を確認しましょう。

② 投資有価証券売却損益

貸借対照表の固定資産の部に計上されている有価証券の売却損益を計上します。本来，投資有価証券は投資目的や取引先との関係維持等の目的で保有されているものであり，頻繁に売買されることはありません。この勘定科目が計上されている場合には，投資の効果や取引先との関係，影響度を確認しておく必要があります。

③ 償却債権取立益

前期以前において貸倒処理していた債権の回収額を言います。前期以前に貸倒れとして費用処理していた債権が当期に回収された場合には，過年度において既に計上した貸倒損失（費用）を減少させることができないため，当期の収益として特別利益項目として計上することが必要となります。

２　税引前当期純利益

Point

税引前当期純利益には特別損益が含まれているため，企業の実質的収益力は反映されていません。

１　税引前当期利益勘定の内容

税引前当期純利益とは，企業の実質的・総合的な収益力である経常利益に特別損益項目を加減した損益です。すなわち，一会計期間に発生した全ての収益から利益に対して課される法人税等を除く全ての費用を差し引いたものであるため，税金を差し引く前の企業の処分可能な利益を示し，また，投下資本の回収余剰と捉えることができます。

２　見方と判断ポイント

税引前当期純利益は，特別損益項目の影響を受けるため，企業の正確な収益力を表すものではありません。また，この利益の中にはその期の所得にかかる法人税等が含まれているため，企業の最終的な獲得利益とはいえません。

よって，税引前当期純利益に比して，経常利益のほうが企業の実態を表しているといえます。したがって，実務上は財務分析や収益力分析にあたって税引前当期純利益が対象となることはほとんどありません。

1　法人税，住民税及び事業税

Point

法人税等は，企業の決算利益である当期純利益に税法上の特別な調整を加え算出された課税所得に対する法人税，地方法人税，住民税及び事業税並びに地方法人特別税の額です。

1　法人税，住民税及び事業税勘定の内容

① 法人税，住民税及び事業税とは，企業の一事業年度（一会計期間）に係る法人税，住民税及び事業税（利益に関連する金額を課税標準として課される事業税をいう。）並びに地方法人特別税をいいます。

② 損益計算書への表示は，税引前当期純利益（損失）の次に表示されます。なお，「法人税等」と略されることもあります。

2　見方と判断ポイント

(1)　課税所得の計算基礎と法人税率を理解する

法人税が課される所得金額は，企業の決算利益を基礎として次のように誘導的に計算されます。

課税所得＝当期純利益（税引後）
＋　費用または損失で税法上損金とならないもの
＋　収益でないもので税法上益金となるもの
－　収益で税法上益金とならないもの
－　費用でないもので税法上損金となるもの

上記のように計算された課税所得に対して税率を乗じ，法人税等が計算されることになります。ちなみに，上記の加減項目は法人税申告書別

図表２－22　法人税，地方法人税の税率

<table>
<tr><th colspan="3" rowspan="2">法人の区分</th><th colspan="2">税率</th></tr>
<tr><th>法人税</th><th>地方
法人税</th></tr>
<tr><td rowspan="3">普通
法人</td><td colspan="2">大法人（資本金１億円超）</td><td>23.4％</td><td rowspan="3">課税標準
法人税額
× 4.4％</td></tr>
<tr><td rowspan="2">中小法人
（資本金１億円以下）</td><td>年 800 万円以下の所得金額</td><td>15.0％</td></tr>
<tr><td>年 800 万円超の所得金額</td><td>23.4％</td></tr>
</table>

※平成 28 年４月１日以後に開始する事業年度

図表２－23　地方税の税率（東京都の場合）

①　法人住民税

種類	区分	税率
所得割	資本金１億円以下で法人税額が年 2,000 万円以下	法人税額　×　12.9％
	上記以外	法人税額　×　16.3％

②　法人事業税

法人所得区分	標準税率	超過税率
400 万円以下	3.4％	3.65％
400 万円以超 800 万円以下	5.1％	5.465％
800 万円超	6.7％	7.18％

③　地方法人特別税

法人所得区分	税率
400 万円以下	1.469％
400 万円超 800 万円以下	2.203％
800 万円超	2.894％

※外形標準課税不適用法人の場合

図表２－24　法人税実効税率の国際比較

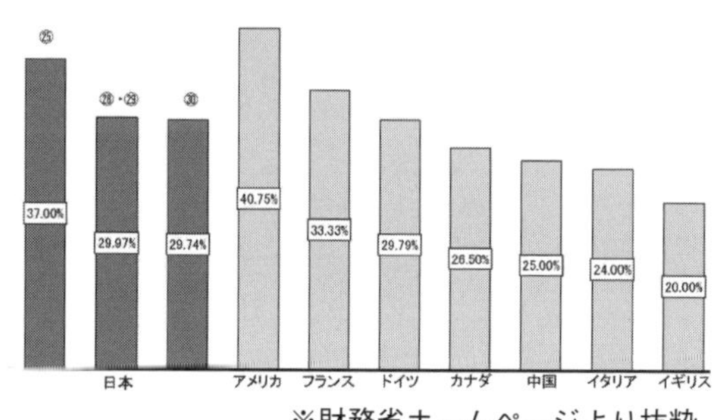

※財務省ホームページより抜粋

表四「所得の金額の計算に関する明細書」により調整されることになりますが，詳細は第３章で説明します。

法人税率について下表のとおりとなっています。なお，この法人税率（国税）については，平成28年４月１日以後に開始する事業年度から，改正後の税率が適用されています。

また，今後は税制改正により年度ごとに税率が微妙に変わりますので，図表に明示した税率と都度注意が必要です。

なお，国際的な法人税引き下げ競争を背景に，近年の税制改正においては相次いで法人税率が引き下げられ，この影響で地方税の仕組みなども目まぐるしく変わっています。今後も法人税率の引き下げや地方法人特別税の廃止などが確定しており，税制や税率の変遷に注意していく必要があります。

(2)　実効税率を理解する

法人税等の法定実効税率は，法人税率，地方法人税率，住民税率，事業税率，地方法人特別税率を単純に合算した合計税率とは一致しません。その理由は，第一に，合計税率の構成主体のうち地方法人税及び住民税の課税標準額は課税所得ではなく法人税額を基礎としていること，第二に，法定実効税率の構成主体のうち，事業税及び地方法人特別税は支払事業年度の課税所得算定上損金算入が認められていることです。

上記の２点を勘案する必要があるため，実際の税負担率は単純合算値よりも小さくなります。

$$\text{実効税率} = \frac{\text{法人税率} \times (1 + \text{地方法人税率} + \text{住民税率}) + \text{事業税率} + \text{地方法人特別税率}}{1 + \text{事業税率} + \text{地方法人特別税率}}$$

2　当期純利益

Point

当期純利益は，企業の一定事業年度における最終利益で処分可能な利益です。

当期純利益は，長期借入金等の返済財源等に振り向けられるほか，経営者や株主へ配分されます。

1　当期純利益勘定の内容

当期純利益とは，税引前当期純利益から法人税等を差し引いた後に残る企業の最終的な利益をいいます。すなわち，一事業年度におけるすべての企業活動の成果として獲得された最終利益です。

2　見方と判断ポイント

当然のことながら，当期純利益は法人税等を支払後の利益であるため，企業が自由に使える処分可能な資金です。当期純利益は，株主に対して株主配当金として社外流出されることがあるほか，企業の内部留保にも充当されます。

さらに，社外流出後の利益は，当期の減価償却費や引当金の積増額とともに（内部留保利益），固定資産の取得（設備投資）や借入金等の償還財源となります。内部留保利益は企業内で調達された資産であり金利負担がないため，内部留保利益が大きければ大きいほど企業の財務体質改善に効果を発揮していくことになります。

$$\text{売上高当期純利益率（\%）} = \frac{\text{当期純利益}}{\text{売上高}} \times 100$$

内部留保利益 ＝ 税引前当期純利益 － 法人税等支払額 ＋ 減価償却費
＋ 諸引当金積増額 － 社外流出（役員賞与 ＋ 配当金など）

なお，売上高当期純利益率は臨時的・偶発的な特別損益項目を含むため，企業の実体的収益力を表す指標とはいえず，実務上はあまり利用されることはないでしょう。

1　注記（個別注記表）

Point

注記は貸借対照表や損益計算書に表れない情報の宝庫です。

中小企業の場合は会計監査人非設置会社でかつ非公開会社である場合が多く，ほとんどの注記事項について省略することができます。

1　注記の内容

注記は，財務諸表を見る企業の利害関係者が適正な判断ができるように，貸借対照表や損益計算書では情報開示が不十分な部分を補うために記載されるものです。

財務諸表を判断するうえで重要な情報が記載されているため，貸借対照表や損益計算書の附属的な資料といった感覚でなく，財務諸表作成の基礎となっているという意味で捉えるようにしましょう。

現行の会社法では，旧商法において貸借対照表または損益計算書に関する注記事項とされていた事項を取りまとめて，個別注記表として統一しました。すなわち，旧商法施行規則では注記事項は貸借対照表及び損益計算書に付随するものとして規定されていましたが，現行の会社計算規則では独立した計算書類の１つとして取り扱われています。

以下，個別注記表に記載される主な項目を見ておきましょう。

(1)　会社法に定められた注記事項

①　継続企業の前提に関する注記

②　重要な会計方針に係る事項に関する注記

③　会計方針の変更に関する注記

④　表示方法の変更に関する注記

⑤　会計上の見積りの変更に関する注記
⑥　誤謬の訂正に関する注記
⑦　貸借対照表等に関する注記
⑧　損益計算書に関する注記
⑨　株式資本等変動計算書に関する注記
⑩　税効果会計に関する注記
⑪　リースにより使用する固定資産に関する注記
⑫　金融商品に関する注記
⑬　賃貸等不動産に関する注記
⑭　持分法損益等に関する注記
⑮　関連当事者との取引に関する注記
⑯　一株当たり情報に関する注記
⑰　重要な後発事象に関する注記
⑱　連結配当規制適用会社に関する注記
⑲　その他の注記

会計監査人設置会社以外の株式会社（公開会社を除く）の個別注記表については，①⑤⑦⑧及び⑩から⑱までに掲げる項目を表示しなくて良いため，会計監査人を設置しない株式譲渡制限会社は，②③④⑥⑨及び⑲のみを注記することが要求されます。

また，会計監査人設置会社以外の公開会社の個別注記表については，①⑤⑭及び⑱に掲げる項目を表示しなくてよいこととなっています。

⑵　有価証券報告書に記載される注記

参考までに，金融商品取引法に基づいて作成される有価証券報告書に記載される注記事項についてその一部を以下に例示します。詳細については財務諸表等規則を参照してください。

⑴　重要な会計方針の注記

有価証券の評価基準及び評価方法

3注記その他

たな卸資産の評価基準及び評価方法
固定資産の減価償却の方法
繰延資産の処理方法
外貨建の資産及び負債の本邦通貨への換算基準
引当金の計上基準
収益及び費用の計上基準
ヘッジ会計の方法
キャッシュ・フロー計算書における資金の範囲
その他財務諸表作成のための基本となる重要な事項

(2)　会計基準等の改正等に伴う会計方針の変更に関する注記
(3)　会計基準等の改正等以外の正当な理由による会計方針の変更に関する注記
(4)　未適用の会計基準等に関する注記
(5)　表示方法の変更に関する注記
(6)　会計上の見積りの変更に関する注記
(7)　会計方針の変更を会計上の見積りの変更と区別することが困難な場合の注記
(8)　修正再表示に関する注記
(9)　重要な後発事象の注記
(10)　追加情報の注記
(11)　リース取引に関する注記
(12)　金融商品に関する注記
(13)　有価証券に関する注記
(14)　デリバティブ取引に関する注記
(15)　持分法損益等の注記
(16)　関連当事者との取引に関する注記
(17)　親会社又は重要な関連会社に関する注記

(18)　税効果会計に関する注記
(19)　確定給付制度に基づく退職給付に関する注記
(20)　確定拠出制度に基づく退職給付に関する注記
(21)　複数事業主制度に基づく退職給付に関する注記
(22)　ストック・オプション，自社株式オプションまたは自社の株式の付与または交付に関する注記
(23)　ストック・オプションに関する注記
(24)　自社株式オプション及び自社の株式を対価とする取引の注記
(25)　取得による企業結合が行われた場合の注記
(26)　段階取得となる企業結合が行われた場合の注記
(27)　共通支配下の取引等の注記
(28)　子会社が親会社を吸収合併した場合の注記
(29)　共同支配企業の形成の注記
(30)　事業分離における分離元企業の注記
(31)　事業分離における分離先企業の注記
(32)　企業結合に関する重要な後発事象等の注記
(33)　事業分離に関する重要な後発事象等の注記
(34)　継続企業の前提に関する注記
(35)　資産除去債務に関する注記
(36)　セグメント情報等の注記
(37)　賃貸等不動産に関する注記

2　見方と判断ポイント

重要な会計方針については，企業が貸借対照表や損益計算書を作成する場合に，1つの会計事実に対し2以上の会計処理方法が認められているようなことが数多くあります。どの方法を採用するかによって損益の状況や資産の計上額が異なるため注意が必要です。

2　外貨建債権債務の換算

Point

換算方法や適用レートにより期末残高の金額は異なります。
為替予約をしている場合は為替相場との差異に注意します。

1　外貨建債権債務の換算の内容

近年は，大企業のみならず中小企業においても海外進出や外国企業との取引が増えており，これに伴う外貨建ての取引が増加しています。

決算時点で外国通貨や外貨建ての債権債務のある場合は，それを円に換算しなければ財務諸表を作成することができません。この場合，外国通貨は期末の為替相場で換算することになります。外貨建債権・債務については，従来は短期のものと長期のものとで取扱いが異なっていましたが，平成12年4月1日以降開始事業年度からは長期・短期の区別はなくなり，期末時換算法が原則になっています。

なお，取引発生時点での勘定記帳は取引発生時の為替相場によることはいうまでもありません。

図表２－25　外貨建債権債務の円換算方法（法人税）

区分		換算方法	法定換算方法
外貨建債権債務		発生時換算法または期末時換算法	短期：期末時換算法 その他：発生時換算法
外貨建有価証券	売買目的有価証券	期末時換算法	
	売買目的外有価証券	発生時換算法または期末時換算法	発生時換算法
	その他の有価証券	発生時換算法	
外貨預金		発生時換算法または期末時換算法	短期：期末時換算法 その他：発生時換算法
外国通貨		期末時換算法	

２　見方と判断ポイント

企業が為替換算を行うに当たって適用する為替相場は，原則として取引日の電信売買相場の仲値(TTM)となります。ただし継続適用を条件に，売上やその他の収益または資産については取引日の電信売相場(TTS)によることができます。

これらの相場は，その企業の主要取引金融機関の相場を原則としますが，新聞等で入手するなど，同一の方法による他の合理的な相場を継続適用する事も認められています。

① 電信売買相場の仲値（TTM）とは電信売相場（TTS）と電信買相場（TTB）の仲値をいいます。

② 電信売相場（TTS）とは，外国為替公認銀行から外貨を購入する場合の直物電信売相場（銀行が売るレート）をいいます。

③　電信買相場（TTB）とは，外国為替公認銀行に対し外貨を販売する場合の直物電信買相場（銀行が買うレート）をいいます。

なお，法人税法上は，短期外貨建金銭債権債務は取得時換算法あるいは期末時換算法のいずれかを選択できるものとされており，選択届出がない場合には期末時換算法によることになります。また，長期外貨建金銭債権債務についても選択可能で，届出がなければ取得時換算法によります。なお，いずれの場合においても為替予約によってレートが定まっている場合にはその予約レートにより換算します。

1　税効果会計

Point

税法基準（税務会計）で決算をしている中小企業においては，税効果会計が適用されていることはほとんどありません。

税法基準（税務会計）は課税所得を計算するための基準であり，会社の経営成績や財政状態を把握するための一般に公正妥当と認められた会計基準とは異なります。

融資判断においては，会計基準に準拠した決算書を基にしなければ判断を誤ることになるため，十分な資料を入手し修正して分析する必要があります。

1　税効果会計とは

税効果会計とは，会計上の利益（収益－費用）と税務上の所得（益金－損金）との間に相違がある場合に，その期間帰属のズレ（差異）を調整するものです。具体的には，会計上の法人税等を発生主義で認識する方法であり，税効果会計を適用することにより，税引前当期純利益から差引

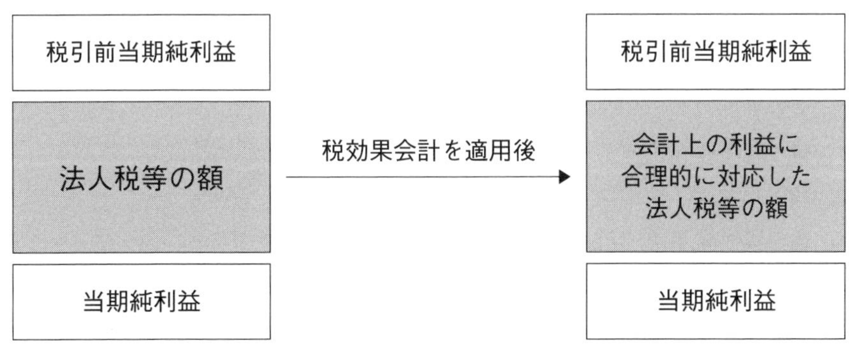

表示される法人税等の額が適正額に調整され，それを差し引いた当期純利益が業績評価の観点から適正な金額となります。

2　税効果会計の目的

従来は，一会計期間に発生した法人税等はすべてその期間に計上していました。しかし，この方法では下図のように会計上の利益と法人税法上の課税所得に差異がある場合，法人税率と損益計算書上の税率に差異が生じるため，法人税の期間対応が問題となります。

損益計算書			法人税申告書	
税引前当期純利益	100	①	税引前当期純利益	100
法人税等	60	②	損金不算入額	50
当期純利益	40		課税所得	150
損益計算書上の税率＝②/①＝60%			法人税等＝150×40%＝60	

そこで，このような場合に，税効果会計を適用することによって次期以降に対応する法人税を繰延べて資産及び負債に計上することにより，税引前当期純利益と法人税等の額を合理的に対応させることになります。

損益計算書			法人税申告書		
税引前当期純利益	100	①	税引前当期純利益	100	
法人税等	60	②	損金不算入額	50	③
法人税等調整額	20	③×40%	課税所得	150	
当期純利益	60		法人税等	60	

３　一時差異と永久差異

税効果会計においては，すべての会計上と税務上の差異が対象になるわけではありません。一時差異のみが対象となり，後述する永久差異は対象外です。

(1)　将来減算一時差異（税効果会計の対象）

当期の課税所得は増加するが，将来それらが認容されたときに課税所得が減少するもの

①　貸倒引当金や退職給付引当金等の引当金の損金算入限度超過額

②　減価償却費の損金算入限度超過額

③　損金に算入されない棚卸資産等に係る評価損

④　当期決算で費用とした事業税のうち未払の部分（修正申告を除く）

(2)　将来加算一時差異（税効果会計の対象）

当期の課税所得は減少するが，将来それらが戻し入れられた時に課税所得が増加するもの

①　利益処分により租税特別措置法上の諸準備金等を計上した場合の会計上の簿価と税務上の簿価との差額

②　利益処分方式で圧縮記帳を実施した場合の会計上の簿価と税務上の簿価との差額

③　利益処分により実施した税務上の特別償却準備金

(3)　永久差異（税効果会計の対象外）

当期の課税所得を増減させるが，そのまま差異が永久に解消しないもの

①　交際費の損金算入限度超過額

②　損金不算入の罰科金

③　受取配当金の益金不算入額

また，一時差異には該当しませんが，将来の課税所得を減少させる税務上の繰越欠損金や繰越外国税額控除額も一時差異に準じるものとして

税効果会計の対象になります。

4　繰延税金資産と繰延税金負債

一時差異等がある場合には，税効果会計を適用して，その金額に法定実効税率を乗じた部分を繰延税金資産及び繰延税金負債として貸借対照表に計上します。しかし，必ずしも全ての一時差異について繰延税金資産・負債が計上されるわけではありません。

特に繰延税金資産については，将来の法人税を減少させる可能性が高い（回収可能性が高い）場合にのみ計上できることになっていますので，計上に当たっては将来のタックスプランニングを含めて十分な検討が必要になります。

繰延税金資産及び繰延税金負債は，貸借対照表ではその実現見込期間により流動・固定に区分して表示されます。損益計算書では「法人税，住民税及び事業税」の下に「法人税等調整額」として表示（加減）されます。

5　繰延税金資産と繰延税金負債を分析する

既述のように，繰延税金資産は将来の課税所得の予測やタックスプランニングが計上の前提となっているため，それが本当に実現可能かどうかを十分に検討する必要があります。

具体的には，会社の過去の利益や課税所得の推移を分析して十分な実績がある場合には一応妥当なものと判断できますが，直近に赤字決算の期がある場合や多額の繰越欠損金がある場合などには，利益が生じなければ法人税等が発生しないため，差異が解消することもないことから，会社から利益計画やタックスプランニングを入手してそれらの計画が妥当であるかどうかを吟味する必要があります。特に，繰延税金資産の計上額に相当する部分まで配当している場合には十分注意して分析したほうがよいでしょう。

また，損益計算書上の税率（(法人税等＋法人税等調整額）÷税引前当期純利益）と法定実効税率が著しく異なる場合には，注記を確認したり社長や経理担当者にヒアリングするなどしてその原因を確かめる必要があります。

第3章

税務申告書と決算書の関係は

決算書と税務申告書との関連に主眼をおいて理解を深めます。

決算書の利益（会計上の利益）と税務申告書上の所得との関係が理解できれば，決算書に対する知識がより一層深まります。

1　法人税・税務申告書と決算書との関係は

Point

以下の点を理解することが重要です。

①　当期利益と課税所得の関係

②　課税所得と法人税や住民税との関係

③　法人税等が算出される税務申告書の一連の流れ

特に，法人税申告書別表四「所得の金額の計算に関する明細書」に強くなることは，粉飾を見抜くための強力な武器となります。

法人税額の聞きとりにより課税所得を逆算する

法人税などの税金は会社の当期純利益に応じて課税されるといわれますが，これは正確ではありません。これらの税金は，会社の当期純利益ではなく当期における会社の課税所得に対して課税されます。

この当期純利益と課税所得は，その範囲が非常によく似ているために先に述べたようなことが言われるわけですが，実際のところは両者には差異が生じる部分が多くあります。

当期純利益は，会計上の収益から費用を差し引いて計算しますが，課税所得は税務上の収益である「益金」から税務上の費用である「損金」を差し引いて計算します。ここでいう「会計上の収益」と「益金」，「会計上の費用」と「損金」はその範囲を一部異にしており，結果として当期純利益と課税所得は異なるのです。

ここで重要なことは，会社は「当期純利益は大きければ大きいほどいいが，課税所得は少なければ少ないほどいい」と考えるということです。課税所得が増えれば税金が増えますので，課税所得は少ない方がいい，と誰でも考えますが，決算書に計上される当期純利益は，金融機関等に対する心証をよくするため，大きければ大きいほどいい，と考えられているのです。

粉飾決算は当期純利益を大きく見せかける行為をいいますから，少ないほどよい課税所得と当期純利益を比較し，これらの金額にどの程度の開差があるのかを検討することは，会社が粉飾決算をしていないか，その判断に大いに役立つわけです。このため，会社の決算書に記載されている利益が正しいものかどうかを確認する方法の１つとして，法人税の分野からは次のようにチェックする方法があります。

①　税額と利益との関係

②　決算書に計上されている未払法人税等（当期の課税所得に対して課される法人税等のうち，当期末までに未払部分を計上したもので，税務上は，「納税充当金」といわれます）と利益との関係

また，確定申告書別表一「各事業年度の所得に係る申告書」や別表四で確認する方法もあります。

1　法人税，住民税は損金にはできない

法人の課税所得に対して課される税金は，①法人税及び地方法人税，②法人住民税（正確には法人税割額），③法人事業税及び地方法人特別税です。

法人の当期純利益を計算する場合，これらの税額は費用として税引前当期純利益から差し引くことになりますが，法人税の課税所得金額を計算する場合には，損金に算入することができるのは法人事業税及び地方法人特別税だけで，法人税及び住民税は損金に算入することはできません。

このことは法人の課税所得を理解するうえで大事なことなので，しっかりと記憶しておいてください。

2　税額から課税所得を逆算する

課税所得に対する法人税等の税率は次のとおりです。

①　法人税及び法人地方税の税率（普通法人）

株式会社など一般の法人（普通法人）の税率は，中小法人（資本金一億円以下などの会社）と大法人（中小法人以外の普通法人）で異なっており，中小法人については，一部軽減税率が適用されます。

加えて，平成23年度の税制改正の結果，対象事業年度に応じて以下の通り税率が異なっていますので，注意してください。

なお，税制改正により，対象事業年度に応じて以下の通り税率が異なっていますので，注意してください。

法人税率

区分	平28.4.1以降開始事業年度		平30.4.1以降開始事業年度	
大法人 （資本金1億円超）	一律23.4%		一律23.2%	
中小法人 （資本金1億円以下）	年800万円以下の所得金額	19% （15%）	年800万円以下の所得金額	19% （15%）
	年800万円超の所得金額	23.4%	年800万円超の所得金額	23.2%

※カッコ内の税率は，平成31年3月31日までの間に開始する事業年度について適用

地方法人税率

平28.4.1以降開始事業年度	平31.10.1以降開始事業年度
課税標準法人税額×4.4%	課税標準法人税額×10.3%

②　法人住民税

法人住民税は，法人税額に対して課される法人税割と，法人税額を問

わず毎期定額が課税される均等割からなります。法人税割の税率は上表のとおりですが，法人住民税などの地方税においては，税率として標準税率と制限税率という区分が設けられています。

標準税率は，通常その税率で課税すべきものとして国が定めた地方税法において設けられている基準的な税率で，財政上その他の必要があるときはこの税率によらなくても良いとされています。一方，制限税率とは，地方公共団体が課税する場合にこれを超えて課税してはならないと定められている税率です。

このような区分が設けられているのは，地方自治の観点から，地方税の税率はその地方が地方独自の条例で定めるべきである反面，地方自治を優先させた結果として，大きな地域差が生じたり国民に著しい税負担が生じたりしないよう，国が地方税法という大きな枠組みのなかで地方税の基準を定め，その範囲内で地方が独自に定めるという考え方によるものです。

（法人税割）

	平 28.4.1 以降開始事業年度		平 31.10.1 以降開始事業年度	
	標準税率	制限税率	標準税率	制限税率
道府県民税	法人税額 × 3.2%	法人税額 × 4.2%	法人税額 × 1.0%	法人税額 × 2.0%
市町村民税	法人税額 × 9.7%	法人税額 × 12.1%	法人税額 × 6.0%	法人税額 × 8.4%

③　法人事業税及び地方法人特別税

法人事業税とは，法人の事業に対して課される税金であり，大きく「所得割」「付加価値割」「資本割」に分かれています。このうち，所得割は企業規模ではなく企業の儲けである所得に課されるものです。付加価値割，資本割は企業に勤める方の給与や企業の資本金などに応じて課されるもので，すなわち企業規模に応じて課される部分（後述する外形標準

法人事業税及び地方法人特別税の税率

	平 28.4.1 以降開始事業年度		平 31.10.1 以降開始事業年度	
	標準税率	制限税率	標準税率	制限税率
事業税所得割	6.70%	7.18%	9.60%	10.08%
地方法人特別税	2.89%	2.89%	−	−

図表 3 − 1　地方税率改正のイメージ

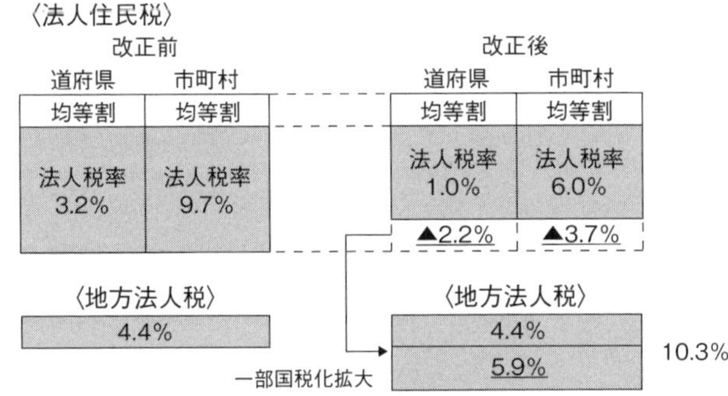

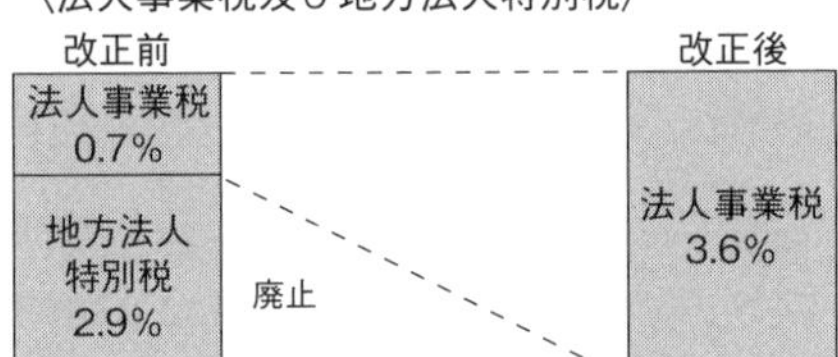

課税の適用を受ける場合）です。

事業に対して課されるとなると，都市部と地方で税収に偏りがありますので，法人事業税の一部を国税として徴収し，地方に配分する目的で平成 20 年度税制改正により創設されたのが地方法人特別税です。

しかし，税制改正によって 2017 年から法人住民税法人税割の一部が地方法人税に税源移譲されることとなり，暫定的な措置として行われていた地方法人特別税が廃止されることになりました。これにより，廃止された地方法人特別税は法人事業税に復元されます。

④　外形標準課税の場合

事業税は法人の事業に対して課されるものですから，事業規模に応じて高い税率を納付すべきという考え方があります。このため，法人の利益（課税所得）だけをベースに課税することとなれば，赤字法人は事業税を納めなくて済むこととなり，事業税の趣旨にそぐわないこととなるとの指摘があります。

このため，事業規模に応じた課税を行うべきとして導入されたのが外形標準課税であり，適用対象となる資本金１億円超の法人については，所得割だけではなく企業が生み出す付加価値（付加価値割）や資本金等（資本割）といった外形基準に応じて事業税が課される仕組みとなっています。

なお，付加価値割及び資本割の課税標準はそれぞれ次に示すとおりです。

①　付加価値割の課税標準（付加価値額）

→　報酬給与額※1＋純支払利子※2＋純支払賃借料※3＋単年度損益

※1　給料，賞与，手当，退職金等の合計額

※2　支払利子から受取利子を控除した額

※3　支払賃借料から受取賃借料を控除した額

②　資本割の課税標準（資本金等の額）

→　法人税法に規定する資本金等の額または連結個別資本金等の額

ところで，損益計算書上，税引前当期純利益より差し引く法人税等の額は，当期の決算を経て計算される課税所得に基づく，実際に納付すべき税額が記載されます。

ここで押さえておきたいポイントは，損益計算書に計上された法人税

等の額に，上記の税率を踏まえて計算される実効税率を割り返せば，大まかに課税所得を逆算できるということです。この結果，逆算される課税所得と税引前当期純利益に大きな差異があった場合には，粉飾決算が想定できるのです。

そこで問題となるのが，実効税率と課税所得と法人の決算利益との関係ですが，これは次項以下で説明します。

3　実効税率

上記の逆算で適用する実効税率とは，先に述べた各税の負担額の課税所得に対する割合で計算される税率をいいます。

実効税率の計算上，法人の課税所得を計算する場合，法人税・地方法人税及び住民税は損金算入が認められませんが，法人事業税及び地方法人特別税は損金算入が認められる点を踏まえておく必要があります。このため，財務分析に使用する実効税率は，事業税及び地方法人特別税には減税効果があることを考慮して，以下のように実効税率を計算します。

$$\text{実効税率} = \frac{\text{法人税率} \times (1 + \text{地方法人税率} + \text{住民税率}) + \text{事業税率} + \text{地方法人特別税率}}{1 + \text{事業税率} + \text{地方法人特別税率}}$$

なお，すでに見たとおり，法人税率は事業年度ごとに異なっていますし，法人住民税や法人事業税等については標準税率と制限税率の考えがあり，地方自治体によって税率が異なるため，個別法人の実効税率を計算する場合にはその法人ごとの事情を踏まえて計算する必要があります。

以下に平成28年4月1日以降開始事業年度以降の法人実効税率を示していますのでご参考ください。

外形標準課税適用法人の決定実効税率

	H28.4.1以後開始事業年度		H30.4.1以後開始事業年度		H31.10.1以後開始事業年度	
	標準税率	超過税率	標準税率	超過税率	標準税率	超過税率
法人税	23.4%	23.4%	23.2%	23.2%	23.2%	23.2%
地方法人税	4.4%	4.4%	4.4%	4.4%	10.3%	10.3%
法人税率×地方法人税率	1.03%	1.03%	1.02%	1.02%	2.39%	2.39%
法人税計	24.43%	24.43%	24.22%	24.22%	25.59%	25.59%
道府県民税法人割	3.2%	4.2%	3.2%	4.2%	1.0%	2.0%
市町村民税法人割	9.7%	12.1%	9.7%	12.1%	6.0%	8.4%
住民税計	12.9%	16.3%	12.9%	16.3%	7.0%	10.4%
法人税率×住民税率計	3.02%	3.81%	2.99%	3.78%	1.62%	2.41%
事業税所得割	0.70%	0.88%	0.70%	0.88%	3.60%	3.78%
地方法人特別税	414.2%	414.2%	414.2%	414.2%	-	-
事業税課税標準 ×地方法人特別税率	2.90%	2.90%	2.90%	2.90%	-	-
事業税合計	3.60%	3.78%	3.60%	3.78%	3.60%	3.78%
実効税率	**29.97%**	**30.86%**	**29.74%**	**30.62%**	**29.74%**	**30.62%**

外形標準課税不適用法人の決定実効税率

	H28.4.1以後開始事業年度		H30.4.1以後開始事業年度		H31.10.1以後開始事業年度	
	標準税率	超過税率	標準税率	超過税率	標準税率	超過税率
法人税	23.4%	23.4%	23.2%	23.2%	23.2%	23.2%
地方法人税	4.4%	4.4%	4.4%	4.4%	10.3%	10.3%
法人税率×地方法人税率	1.03%	1.03%	1.02%	1.02%	2.39%	2.39%
法人税計	24.43%	24.43%	24.22%	24.22%	25.59%	25.59%
道府県民税法人割	3.2%	4.2%	3.2%	4.2%	1.0%	2.0%
市町村民税法人割	9.7%	12.1%	9.7%	12.1%	6.0%	8.4%
住民税計	12.9%	16.3%	12.9%	16.3%	7.0%	10.4%
法人税率×住民税率計	3.02%	3.81%	2.99%	3.78%	1.62%	2.41%
事業税所得割	6.70%	7.18%	6.70%	7.18%	9.60%	10.08%
地方法人特別税	43.2%	43.2%	43.2%	43.2%	-	-
事業税課税標準 ×地方法人特別税率	2.89%	2.89%	2.89%	2.89%	-	-
事業税合計	9.59%	10.07%	9.59%	10.07%	9.60%	10.08%
実効税率	**33.80%**	**34.81%**	**33.59%**	**34.59%**	**33.59%**	**34.60%**

法人税　法人住民税　法人事業税及び地方法人特別税

$$\frac{30\% + (30\% \times 17.3\%) + (5.3\% + 5.3\% \times 81\%)^{(※1)}}{1 + (5.3\% + 5.3\% \times 81\%)^{(※1)}} \fallingdotseq 40.86\%^{(※2)}$$

外形標準課税が適用される法人の場合，（※１）が7.192%（2.9%＋2.9%×148%）となる結果，（※２）は39.54%となります。

４　法人税額の計算方法

ところで法人税額は，原則として法人税の課税所得金額に税率を乗じることにより計算されることになりますが，もう少し深く理解すると，ケースによって，①同族会社の留保金課税（資本金１億円超の同族会社に適用されます。），②土地譲渡のある場合の重課税（現在停止中）などがこれにより計算される税額に加算されるとともに，③税額控除（中小企業の投資促進等の目的による税制上の特典により税額から控除されるもの）を差し引いて，実際に納めるべき税額が計算されます。

また，課税所得は，決算上の当期純利益に比べ，交際費の損金不算入などにより一般的に大きく計算される傾向がありますので，当期純利益に対しては先の実効税率を超えてしまうような場合も多くあります。

法人税申告書別表四の冒頭１に当期純利益が記載されますので，法人税の申告書を確認することができる場合には，逆算するのでなく，申告書と金融機関に提出された決算書の当期純利益との一致を確かめることをしてください。

さらに，別表四の最終欄47の「所得金額又は欠損金額」は，次に示す図表３－２「別表一　各事業年度の所得に係る申告書」の「所得の金額又は欠損金額」欄に転記され税額の計算がされます。

この法人税の別表一に税務署の収受印が押されているか，または，電子申告の場合には会計事務所などが発行する電子申告完了証明書などと

図表３－２　法人税申告書別表一

収受印の確認

令和　年　月　日　税務署長殿		所管	業種目	概況書	要否	別表等	※税務署処理欄	青色申告	一連番号
納税地　電話(　　)　－		法人区分						整理番号	
(フリガナ) 法人名		事業種目						事業年度(至)	年　月　日
法人番号		期末現在の資本金の額又は出資金の額　円			非中小法人			売上金額	兆　十億　百万
(フリガナ) 代表者記名押印　㊞		同非区分	特定同族会社	同族会社	非同族会社			申告年月日	年　月　日
代表者住所		旧納税地及び旧法人名等						通信日付印・確認印・庁指定・局指定・指導等・区分	
		添付書類						申告区分　法人税：中間・期限後・修正　地方法人税：中間・期限後・修正	

平成・令和　年　月　日　事業年度分の法人税　申告書
平成・令和　年　月　日　課税事業年度分の地方法人税　申告書
（中間申告の場合の計算期間　平成・令和　年　月　日／平成・令和　年　月　日）

翌年以降送付要否	要	否	適用額明細書提出の有無	有	無
税理士法第30条の書面提出有	有		税理士法第33条の2の書面提出有	有	

この申告書による法人税額の計算

項目	番号	金額（十億・百万・千・円）
所得金額又は欠損金額（別表四「47の①」）	1	
法人税額 (53)＋(54)＋(55)	2	
法人税額の特別控除額（別表六(六)「4」）	3	
差引法人税額 (2)－(3)	4	
連結納税の承認を取り消された場合等における既に控除された法人税額の特別控除額の加算額	5	
土地譲渡利益金額 課税土地譲渡利益金額	6	000
同上に対する税額 (22)＋(23)＋(24)	7	
留保金 課税留保金額（別表三(一)「4」）	8	000
同上に対する税額（別表三(一)「8」）	9	
		00
法人税額計 (4)＋(5)＋(7)＋(9)	10	
分配時調整外国税相当額及び外国関係会社等に係る控除対象所得税額等相当額の控除額	11	
仮装経理に基づく過大申告の更正に伴う控除法人税額	12	
控除税額	13	
差引所得に対する法人税額 (10)－(11)－(12)－(13)	14	00
中間申告分の法人税額	15	00
差引確定法人税額（中間申告の場合はその税額とし、マイナスの場合は、(26)へ記入）(14)－(15)	16	00

この申告書による地方法人税額の計算

項目	番号	金額
課税標準法人税額の計算 基準法人税額 所得の金額に対する法人税額	33	
課税留保金額に対する法人税額 (9)	34	
課税標準法人税額 (33)＋(34)	35	000
地方法人税額 (58)	36	
課税留保金額に係る地方法人税額 (59)	37	
所得地方法人税額 (36)＋(37)	38	
分配時調整外国税相当額及び外国関係会社等に係る控除対象所得税額等相当額の控除額	39	
外国税額の控除額（別表六(二)「50」）	40	
仮装経理に基づく過大申告の更正に伴う控除地方法人税額	41	
差引地方法人税額 (38)－(39)－(40)－(41)	42	00
中間申告分の地方法人税額	43	00
差引確定地方法人税額（中間申告の場合はその税額とし、マイナスの場合は、(45)へ記入）(42)－(43)	44	00

控除税額の計算・この申告による還付金額の計算 等

項目	番号	金額（十億・百万・千・円）
控除税額の計算 所得税の額（別表六(一)「6の③」）	17	
外国税額（別表六(二)「20」）	18	
計 (17)＋(18)	19	
控除した金額 (13)	20	
控除しきれなかった金額 (19)－(20)	21	
土地譲渡税額の内訳 土地譲渡税額（別表三(二)「27」）	22	0
同上（別表三(二の二)「28」）	23	0
同上（別表三(三)「23」）	24	00
この申告による還付金額 所得税額等の還付金額 (21)	25	
中間納付額 (15)－(14)	26	
欠損金の繰戻しによる還付請求税額	27	外
計 (25)＋(26)＋(27)	28	外
この申告が修正申告である場合 この申告前の所得金額又は欠損金額 (60)	29	
この申告により納付すべき法人税額又は減少する還付請求税額 (65)	30	外　00
欠損金又は災害損失金等の当期控除額（別表七(一)「4の計」＋別表七(二)「9」若しくは「21」又は別表七(三)「10」）	31	
翌期へ繰り越す欠損金又は災害損失金（別表七(一)「5の合計」）	32	
この申告による還付金額 (43)－(42)	45	外
この申告が修正申告である場合 この申告前の所得の金額に対する法人税額 (68)	46	
課税留保金額に対する法人税額 (69)	47	
課税標準法人税額 (70)	48	000
この申告により納付すべき地方法人税額 (71)	49	00
剰余金・利益の配当（剰余金の分配）の金額		

残余財産の最後の分配又は引渡しの日　平成・令和　年　月　日　｜　決算確定の日　平成・令和　年　月　日

還付を受けようとする金融機関等	銀行・金庫・組合・農協・漁協	本店・支店・出張所・本所・支所	郵便局名等
口座番号		ゆうちょ銀行の貯金記号番号　－	
※税務署処理欄			

税理士署名押印	㊞

別表一　各事業年度の所得に係る申告書－内国法人の分……平三十一・四・一以後終了事業年度等分

照合することにより，一連の流れの中で決算利益が税務署に提出されたものと一致することが確認できます。

2　会計上の利益と法人税法上の課税所得との相違とは

Point

法人税法上の課税所得と会計上の利益の差異については，その内容を理解しておかなければ会社の経営成績を誤解する危険性がある反面，この差異について理解することで会社の経営分析をさらに深くすることもできます。

経営分析をする際にも注意しておくべき事項を理解しておきましょう。

法人税法上の課税所得と会計上の利益の差異の内容について

法人税申告書別表四を見ると，会計上の当期純利益からスタートして最終的に所得金額を計算していますので，法人の課税所得の計算においては，会計上の利益に一定の調整を加えて課税所得が計算されることが分かります。

よって，この差異を考える上では，このような調整項目を押さえることが大切です。

また，別表四では，会計上の利益と課税所得の調整をする際に，各調整項目が「留保」と「流出」の欄に分かれています。ここでは，この意味について別表四の「加算」と「減算」の欄の意味とともに説明します。

また，法人税及び法人住民税とは取扱いの異なる法人事業税及び地方法人特別税に関する注意点についても説明します。

1　調整項目の種類「加算」「減算」「留保」「流出」

まず，調整項目は会計上の利益から逆算して課税所得金額を計算する際に加算するのか減算するのかによって区別されます。

「加算」……会計上の利益に加算して課税所得を計算　⇒　交際費の損金不算入額の加算，減価償却超過額の加算など

「減算」……会計上の利益に減算して課税所得を計算　⇒　受取配当の益金不算入額の減算，減価償却超過額の認容など

課税所得と会計上の利益が異なるため，このような加減算を行うわけですが，さらにこれらの差異そのものの性格により，調整項目は「留保」と「流出」に区分されます。

「留保」……原則として，会計上の利益と課税所得の差異が期間的（一時差異）なもので，いつか差異が解消されるもの　⇒　減価償却超過額など

「流出」……原則として，会計上の利益と課税所得の差異が永久に解消されないもの（永久差異）　⇒　交際費の損金不算入額の加算，受取配当金の益金不算入額の減算など

図表３－３　　課税所得計算のイメージ

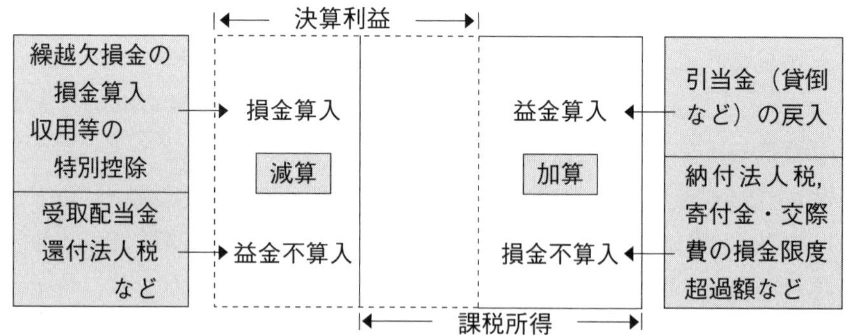

例えば，減価償却費は損金に算入できる限度額が法律で決まっていますが，会計上費用とした減価償却費が法定されている限度額を超えた場合，その期においては超過分が損金と認められないので加算されます。

一方で，会計上の減価償却費が税務上の減価償却費を超えることから，会計上の減価償却は法人税の減価償却よりも早く終わることになりますので，後に会計上の償却額を税務上の償却額が上回ることになります。このため，その上回る部分が税務上損金として容認されることになり減算されるのです。

このように，会計上の利益と課税所得の差異が期間をおいて解消されるものを一時差異といい，「留保」として別表五（一）に転記して次期以降に繰り越します。こうしておけば，その差異が解消されることを会社は把握することができます。この一時差異に着目してより適正な期間損益計算を行おうとする会社処理が税効果会計で，税効果会計を適用する場合には，「繰延税金資産」ないし「繰延税金負債」という科目が貸借対照表に計上されます。

繰延税金資産とは，一時差異のうち将来損金として認められるもの（別表五（一）１～25欄にプラスの数値で載っている項目）を原則として現在納め過ぎの税金としてとらえ，翌期以降の費用となる税金の前払いと考え，前払費用と同様に貸借対照表の資産の部に計上します。

その反対に，繰延税金負債とは，一時差異のうち将来益金として認められるもの（別表五（一）１～25欄にマイナスの数値で載っている項目）は現在支払いが足りず，税金の未払いと考え，未払費用と同様に貸借対照表に負債の部に計上します。

なお，交際費の損金不算入額のようなものは，税務上永久に損金として認められることがありませんので，永久差異として税法上「流出」として扱われます。

2　留保項目に関する注意事項

調整項目のうち留保項目は，上記のように期間を置いて解消するものなので，会計的には当期の利益とは関係のない前払税金もしくは未払税金と考えることができます。よって，税効果会計を使えばより適正な期間損益計算を行うことができることになります。

しかし，税効果会計は非常に手間がかかりますので，中小企業においては税効果会計を適用しない会社がほとんどです。

そのような場合は決算書においてこの差異の調整はされていないため，税金も一種の費用と考えれば費用収益対応の原則が守られていないことになります。しかし，決算書を分析するうえではこの差異についても十分に考慮する必要があります。

具体的には，当期に加算項目で留保のものがあれば，この分将来において課税所得から減額され税負担が軽減されること，逆に減算項目で留保されているものがあれば，その分将来において課税所得に加算がされ税負担が増える可能性があることを考慮する必要があります。

また，故意の利益操作による期間差異が生じていないかについても十分に注意する必要があります。

3　流出項目に関する注意事項

一方，流出項目は，その期の税負担に影響するだけで将来の税負担に影響することはありません。しかし，その内容には十分に注意する必要があります。

例えば，交際費の損金不算入額が多ければ経費の使い過ぎがないかどうか，役員給与の損金不算入額が多ければ，役員が会社を私物化して報酬を取りすぎていないかなどに注意が必要です。また会社の税務対策の巧拙についても判断することができます。

ところで，上記のような加算となる流出項目は，決算書上は当然に費用となるものの，課税所得の計算上は費用とすべきではないものを意味しています。

これは，税金の計算上において，会社から支出したもののうち，経営者個人が過大な利益を受けたり，社会通念上費用とすべきではなかったりするものを損金とすべきではない，という考え方からきています。このため，加算となる流出項目が他社に比して著しく多い場合には，その会社のコンプライアンスの問題も大きいと考えられますので注意が必要です。

４　法人事業税及び地方法人特別税の取扱いに関する注意

法人事業税及び地方法人特別税は，法人税及び法人住民税とは異なり，税務上の経費である損金として認められることが特徴的です。

ところが，損金として認められるものは，当期において申告期限が到来したものだけですので，適正な期間損益計算の観点から，当期の費用として計上すべきとされる，当期の所得に対する事業税及び地方法人特別税は，申告期限が来期となるため，当期においては未払として損金に算入することが認められません。このため，会計上費用とした当期の未払事業税等は，加算・留保項目として別表五（一）に計上しなければなりません。

また，中小企業においては，実務上の煩雑な調整を嫌い，敢えて未払事業税等を計上しないケースも多いので注意が必要です。この場合，当期の損金に計上されているのは，当期において申告期限が到来する前期の法人事業税等の未払分と当期の中間払い分の法人事業税等ですから，適正な期間損金計算が行われていないことを意味します。このため，財務分析をする際は，翌期に申告期限が到来する当期の事業税及び地方法人税を加味するなどして，調整計算を行う必要があります。

3　法人税の課税所得の計算（事例）

企業の公表利益（当期純利益）と課税所得との関係については，説明を読んだだけでは若干理解が難しいでしょう。そこで，次の実例計算を挙げますので確認してみましょう。

この場合の課税所得の計算は，まず，ABC 製作所の決算上の当期純

設例

㈱ABC 製作所（資本金及び資本金等の額が 5,000 万円・非同族会社）の第 25 期（平成 X1 年 1 月 1 日～平成 X1 年 12 月 31 日）の確定決算における当期純利益や課税所得の計算に関する事項が以下のような場合に，第 25 期事業年度における法人税の課税標準である所得の金額を計算し，別表 4 を作成してみましょう。

〈課税所得の計算に関する資料〉

①　税引前当期純利益	48,600　千円	当期の剰余金の処分	
法人税、住民税及び事業税	26,400　千円	配当	1,100 千円
当期純利益	22,200　千円		

②　未払法人税等（納税充当金）に計上されていた前期の法人税等のうち、当期に納付したものの内訳

法人税 5,000 千円 法人住民税 1,000 千円 法人事業税及び地方法人特別税 1,500 千円

③　中間納付額として、費用処理した法人税が 2,000 千円、法人住民税が 1,000 千円ある。

④　このほか損金経理している租税公課勘定に次のものが含まれている。
a 道府県民税の利子割　60 千円
b 中間納付した法人事業税及び地方法人特別税　2,400 千円
決算において、当期の課税所得に対する法人税等の未払金額として、21,000 千円を未払法人税等（納税充当金）に費用として計上した。
⑤　税務調整項目として、以下のものがある。
減価償却超過額　1,200 千円
役員給与の損金不算入額　1,800 千円
交際費等の損金不算入額　4,600 千円

利益 22,200 千円を出発点として１欄に転記します。この場合の注意点ですが，配当などの流出項目がある場合には，それを１欄の社外流出欄に記載する必要があります。

配当として流出した金額が 1,100 千円ありますので，それを１欄の社外流出欄に記載し，当期純利益との差額（21,100 千円）を，１欄の留保欄に記載します。

これに税務上所定の申告調整を行うことにより課税所得は誘導計算されることになっています。

〈計算方法〉

①　費用処理した中間申告の法人税 2,000 千円は損金算入できないので加算します。〈2 欄〉

②　費用処理した中間申告の法人住民税 1,000 千円は損金算入できないので加算します。〈3 欄〉

③　確定決算で損金経理した未払法人税等（納税充当金）21,000 千円は，決算から２ヵ月後の申告期限に納税しますので，今回の決算では，原則として損金算入ができる法人事業税及び地方法人特別税を含めて，税務上は損金不算入となり，加算します。〈4 欄〉

なお，未払法人税等（納税充当金）に計上した法人事業税及び地方法人特別税相当額は，その申告期限が到来する翌年度において損金算入することになります。（下記⑥参照）

⑤ 税務調整項目として挙げられている3つの項目については，該当する別表4の各欄に記入します。（6～8欄）

なお，減価償却超過額（6欄）は留保となっており，役員給与の損金不算入額（7欄）及び交際費等の損金不算入額（8欄）は社外流出となっていますので，前者が一時差異，後者は永久差異となります。

このため，税効果会計を適用する場合には，将来減算一時差異となる減価償却超過額に実効税率を乗じた金額を繰延税金資産として計上することになります。

⑥ 未払法人税として前期に計上し，当期に申告期限が到来して納付した事業税及び地方法人特別税1,500千円は当期の損金となるので減算します。〈13欄〉

以上の項目を記載し，小計（11･21欄）や仮計（22欄），合計（34欄），総計（41欄），差引計（39欄）も集計して，47欄の所得金額を計算することになります。

図表３－４　別表四　所得の金額の計算に関する明細書

所得の金額の計算に関する明細書（簡易様式）　事業年度　・　・　法人名

別表四（簡易様式）　平三十一・四・一以後終了事業年度分

区分			総額 ①	処分 留保 ②	処分 社外流出 ③	
当期利益又は当期欠損の額		1	円	円	配当	円
					その他	
加算	損金経理をした法人税及び地方法人税（附帯税を除く。）	2				
	損金経理をした道府県民税及び市町村民税	3				
	損金経理をした納税充当金	4				
	損金経理をした附帯税（利子税を除く。）、加算金、延滞金（延納分を除く。）及び過怠税	5			その他	
	減価償却の償却超過額	6				
	役員給与の損金不算入額	7			その他	
	交際費等の損金不算入額	8			その他	
		9				
		10				
	小計	11				
減算	減価償却超過額の当期認容額	12				
	納税充当金から支出した事業税等の金額	13				
	受取配当等の益金不算入額（別表八（一）「13」又は「26」）	14			※	
	外国子会社から受ける剰余金の配当等の益金不算入額（別表八（二）「26」）	15			※	
	受贈益の益金不算入額	16			※	
	適格現物分配に係る益金不算入額	17			※	
	法人税等の中間納付額及び過誤納に係る還付金額	18				
	所得税額等及び欠損金の繰戻しによる還付金額等	19			※	
		20				
	小計	21			外※	
仮計（1）＋（11）－（21）		22			外※	
関連者等に係る支払利子等の損金不算入額（別表十七（二の二）「24」又は「29」）		23			その他	
超過利子額の損金算入額（別表十七（二の三）「10」）		24	△		※	△
仮計（（22）から（24）までの計）		25			外※	
寄附金の損金不算入額（別表十四（二）「24」又は「40」）		27			その他	
法人税額から控除される所得税額（別表六（一）「６の③」）		29			その他	
税額控除の対象となる外国法人税の額（別表六（二の二）「７」）		30			その他	
分配時調整外国税相当額及び外国関係会社等に係る控除対象所得税額等相当額（別表六（五の二）「5の②」＋別表十七（三の十二）「1」）		31			その他	
合計（25）＋（27）＋（29）＋（30）＋（31）		34			外※	
契約者配当の益金算入額（別表九（一）「13」）		35				
中間申告における繰戻しによる還付に係る災害損失欠損金額の益金算入額		37			※	
非適格合併又は残余財産の全部分配等による移転資産等の譲渡利益額又は譲渡損失額		38			※	
差引計（34）＋（35）＋（37）＋（38）		39			外※	
欠損金又は災害損失金等の当期控除額（別表七（一）「4の計」＋（別表七（二）「9」若しくは「21」又は別表七（三）「10」））		40	△		※	△
総計（39）＋（40）		41			外※	
新鉱床探鉱費又は海外新鉱床探鉱費の特別控除額（別表十（三）「43」）		42	△		※	△
残余財産の確定の日の属する事業年度に係る事業税の損金算入額		46	△	△		
所得金額又は欠損金額		47			外※	

御注意

1　沖縄の認定法人の課税の特例、国家戦略特別区域における指定法人の課税の特例、組合事業等に係る損失がある場合の課税の特例、対外船舶運航事業を営む法人の日本船舶による収入金額の課税の特例、特定目的会社等又は特定目的信託に係る課税の特例、農業経営基盤強化準備金の課税の特例、農用地等を取得した場合の課税の特例、関西国際空港用地整備準備金の課税の特例、中部国際空港整備準備金の課税の特例及び再投資等準備金の課税の特例等の規定の適用を受ける法人にあっては、別様式による別表四を御使用ください。

2　「47」の「①」欄の金額は、「②」欄の金額に「③」欄の本書の金額を加算し、これから「※」の金額を加減算した額と符合することになりますから留意してください。

(簡)

第4章

決算書の分析に必要な知識

決算書を分析する上で欠かせない知識が比率分析です。これについては第2章でも具体的にみてきたとおりですが，ここでもう少し理解を深めていきましょう。

1　重要な経営指標には何があるか

Point

数ある経営分析比率の中でも，総資本経常利益率や自己資本比率が重要とされています。

しかし，中小企業の実態判断上は，手許流動性や手持商業手形の水準（対月商比）や売上高金融費用比率など，中小企業の最大の関心事である資金繰りに関する指標にこそ企業の実体が表れます。これらの見方に強くなることが突然の取引先倒産などに見舞われないためのポイントです。

1　経営指標の種類

企業の財務面をより深く判断する場合には，「収益性」と「安全性」がポイントとなり，また，これらを支える基礎的なものとして「成長性」と「生産性」についての分析が必要です。

これらを判断する場合のポイントとなる経営指標としては図表４－１のようなものがありますが，収益性の総合判断及び企業経営の総合指標と言えるのが総資本経常利益率であり，不況期などにおける赤字抵抗力を示すのは損益分岐点比率であり，企業の安全性のよりどころは自己資本比率です。

図表４－１　　経営指標の分類

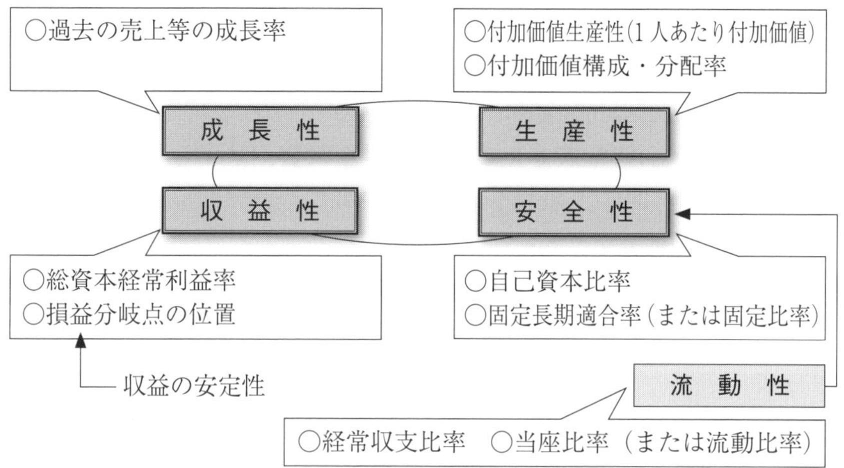

2　手許流動性，手持商業手形の水準等にも目を向ける

実態判断上は，もう少し生々しく企業の実力が表れる次のような指標も重視します。

①　資産の含み損益（土地・有価証券など）

②　$\text{手許流動性} = \dfrac{\text{現金預金} + \text{一時所有有価証券}}{\text{月商}}$

③　手持商業手形の水準（月商との比較でどの程度割引後の手持手形を保有しているか）

④　長期借入金返済能力の倍率

$$\frac{\text{長期借入金} + \text{社債}}{\text{キャッシュ・フローによる返済能力}} = ○\text{年}$$

⑤　売上高金融費用比率

⑥　$\underset{\text{(営業上の立替負担)}}{\text{収支ズレ}} = \dfrac{\text{売上債権} + \text{棚卸資産} - \text{買入債務}}{\text{月商}} = ○\text{カ月}$

⑦　借入金の月商に対する比率

経営分析上の諸比率がいかに良好な数値を示していても，これらにゆとりがなければ真の優良企業とはいえません。

3　倒産予知 ― 経常収支比率，売上高金融費用比率に注意

上記の指標はいずれも重要な指標で，対象となる企業によりこれらを組み合わせて判断することになりますが，何が最も重要なポイントとなるかは，分析の目的により異なります。

企業が倒産する前兆としては，経常収支比率や売上高金融費用比率の悪化が見られることが多いので，これらの比率分析には要注意です。

2　経常収支比率――その作り方と見方のポイント

Point

経常利益と経常収支のアンバランスが長く続く場合には，不良資産の発生など何らかの問題がその企業に生じているとみて，その原因を究明します。決算書の数字を鵜呑みにしないシビアな目が必要になります。

支払能力をみる場合の経営諸指標の中で，特に経常収支比率が最近脚光を浴びています。よって，その計算方法と見方のポイントをマスターしておく必要があります。

経常収支 ＝ 経常収入 － 経常支出

$$経常収支比率 = \frac{経常支出}{経常収入} \times 100$$

1　経常収支の計算方法

経常収支は次のように簡単に算出できます（簡便法）。これにより計算の骨格が理解できます。

経常収支 ＝ 経常利益 ＋ 非現金支出費用 － 増加運転資金

・非現金支出費用 ＝ 減価償却費 ＋ 引当金増加額（積増額）

・増加運転資金 ＝ 売上債権増加 ＋ 棚卸資産増加 － 買入債務増加

＝ 今期必要運転資金額 － 前期必要運転資金額

2　総額法による経常収支のとらえ方

簡便法では収入・支出の総額がつかめないので，正式に経常収支を算出する場合には次のように総額法によって経常収入と経常支出を計算し，その差引計算でとらえることにしています。

	(a)		(b)
経常収入＝	売上＋営業外収益－売上債権（売掛金，受取手形）増加	＋	前受金及び前受収益増加－未収金及び未収収益増加
経常支出＝	売上原価＋棚卸資産増加－買入債務（買掛金，支払手形）増加＋販売費及び一般管理費＋営業外費用－非現金支出費用	＋	前渡金及び前払費用増加－未払金及び未払費用増加

上記で（a）（b）と区分けしているのは，ともに経常収入及び経常支出を構成する項目ですが，中心は（a）部分です。より正確に計算するためには（b）も考慮して調整しなければならないということを意味します。

3　長期にわたるマイナスは不良資産や不良債権の発生に注意

以上によって分かるように，経常収支は，本来の経営活動である営業や財務によって得た償却計算考慮前の経常利益から，その活動を支えるための増加運転資金を差し引いたものということができます。

したがって，運転資金増減という要因に影響されはしますが，高収益企業は収益のプラス幅が大きいのでプラスとなりやすく，赤字企業はマイナスとなりやすいのが，経常収支の基本的パターンであるといえます。

ところで，収益は好調だが経常収支はマイナスとなる企業はどうとらえたらよいのでしょうか。この場合，先の簡便法による経常収支の計算式から判断すれば，運転資金に原因があることが分かります。

このため，もし経常収支がマイナスになる理由が，①原材料が安いうちに買いだめしておくなどの戦略的在庫積増し（棚卸資産増加），②妥当な理由のある売掛金の回収条件もしくは買掛金の支払条件改定（売上債権増加や買入債務減少），③期末月での特殊大口取引の発生しその回収が未決済（売上債権増加），④売上の急激な増加（売上債権増加）など，しっかりした裏付けのある運転資金の増加が要因である場合には，これらは一時的なものと考えられますので大きな心配はいりません。

実際のところ，こうしたケースが生じたとしても，長期トレンドでみると経常収支の動きと経常利益はおおむね一致したものとなるはずです。しかし，決算書上高収益を上げているにもかかわらず，経常収支の赤字が３期も４期も続くのであれば，不良在庫の発生（棚卸資産増加）及び不良債権の発生（売上債権増加）あるいは粉飾操作等が考えられ要警戒であるといえます。すなわち，当然に資金繰りは借入れに頼らざるを得ないことになります。

４　赤字は正常増加運転資金の範囲内のものか

増加運転資金が増えたことにより経常収支がマイナスとなっている場合でも，上記のような特殊要因によるほか，業容拡大による増加運転資金であれば企業成長のため前向きの好ましいものであるといえます。

その場合には，業容拡大に伴う正常範囲内のものであることが必要であり，それを超える場合は以下のような項目につき検討が必要となってきます。

①　不良債権や不良在庫（デッドストック）の発生

②　粉飾のための在庫や売上債権の架空計上

５　正常かどうかの検討

正常範囲かどうかの検討は回転期間分析によってチェックしてみると

よく分かります。回転期間とは，売上債権が決済されるまでの期間や棚卸資産が売上になり現金化される期間，買入債務を決済すべきまでの期間をいい，月ベースで計算する場合には以下のような算式で計算されます。

$$売上債権回転期間 = \frac{(売掛金＋受取手形)}{(売上高 \div 12)}$$

$$棚卸資産回転期間 = \frac{棚卸資産額}{(売上高 \div 12)}$$

$$買入債務回転期間 = \frac{(買掛金＋支払手形)}{(売上高 \div 12)}$$

ここで押さえるべきは，これらがそれぞれキャッシュが動くタイミングを表すということです。

棚卸資産回転期間（売れるまでの期間）に売上債権回転期間（実際に入金されるまでの期間）を加算した期間がキャッシュインされるまでのタイミングであり，買入債務回転期間（実際に支払うまでの期間）がキャッシュアウトするまでのタイミングを表しています。

このため，キャッシュアウトするまでのタイミングは，できればキャッシュインされるまでのタイミングよりも短ければよいわけですが，キャッシュアウトするまでのタイミングの方が早いことが通例であり，このタイミングの差を収支ズレ期間といい，以下の算式で計算されます。

収支ズレ期間＝売上債権回転期間＋棚卸資産回転期間－買入債務回転期間

収支ズレ期間を乗り切るためには，企業は手元現金を用意しておく必要があり，それがいわゆる運転資金です。経常収支の分析上，必要になる増加運転資金は，以下の通り計算されます。

増加月商　×　収支ズレ期間　＝　増加運転資金

さらには，より正確に取引条件に基づいて今期及び前期必要運転資金を算定し，その差額としての増加運転資金を算定してみることも大切です。

6　売れない商品や回収できない債権は支払手段とならない

現代の会計制度は発生主義によっているため，売上があれば現金回収がなされていなくても収益として認識されます。

同様に，売れない商品をいくら作っても，投入した原材料や労務費，製造経費などはすぐには損失とならず，いったんは資産計上されることになります。

この結果，不良債権や不良在庫が損益計算書及び利益にストレートに反映しないことになり，これが現代の会計制度の大きな問題といわれています。

商売である以上，製品が売れても回収されない限りは最終的な利益として資金的にも寄与しないわけですから，売掛金や棚卸資産などの資産をたくさん抱えていたからといって，会社の支払能力・支払手段とはなりません。

こうした支払手段として妥当でない不良債権や不良在庫の存在を考慮することなく，流動比率など伝統的な安全性判断の基準をそのまま信頼するとすれば，指標としての信頼性を欠くことになります。

3　財務諸表の異常現象（財務疾患）とはどういうことか

Point

在庫と売上債権の膨張は，経営における諸悪の根源として，その原因を究明する姿勢が必要です。

これらは，企業活勢や財務の異常を映す，いわば体温計であり，財務の異常や不健全な状態の反映としてマークするようにしてください。

経営状況は投下資本の回転速度に左右されますので，在庫 → 売上債権 → 現金回収の回転が遅れる場合には，商品力や販売力といった企業の基本部分に問題のあることを意味します。

資産の膨張は資本の運用効率悪化の主因

一般的にいわれる財務疾患は，

①　売上債権の過大
②　在庫の過大
③　設備の過大
④　投資勘定，財テクへの過大投資
⑤　借入金への過大依存
⑥　雑勘定・仮勘定の過大化傾向

などですが，自己資本の過少も異常のうちに入る可能性があります。

1　利幅と投資資本の回転により利益が決まる

財務諸表の異常現象といっても，それを発見する上ではいろいろな見方があります。ここでは，売上規模など業容に比べて資産や借入金が異常に多過ぎないかといった見方をしてみます。

貸借対照表は，資産の部に投下資本の運用形態を，負債・純資産の部にその資金の調達源泉を表しています。言うまでもなく，投下資本はできるだけ早く回転させた上で回収し，その回収した資金を基にさらに拡大再生産にあてていくことを心がけなければなりません。

一般に資産といえば多ければ多いほどよいと考えられていますが，企業活動は「利幅」と「回転」によって利益を生み出していきますので，商売で利幅を得て儲けるということと，投下資本の回転の両方を活性化させることにより，「利幅」と「回転」の積（総資本利益率の分解の考え方「53頁」参照）によって利益の大小･多寡が決まることになります。

このため，運用面（資産の部）で特定の科目の残高が異常に膨張することは，投下資本の回転を阻害することを意味しますので，実際のところは重大な財務疾患ということになります。また，それ以上に症状が進行すると回収そのものができない事態に陥ることになります。

売れない商品をつくっている，無理をして現金回収が見込めないような取引先に売っているなど，資産が膨張して回転が滞っている原因の有無を早急に究明する必要性があります。

2　財務諸表の異常をみる方法

財務諸表から異常を判断する効果的な方法としては，次のような方法があります。

①　時系列で比較する

②　同業他社と比較する

③　資産と負債，あるいは損益項目と比較する（月商比など）

④　突出した残高となっているものをみる

上記のような場合には異常と評価できるための，正常な物差しを用意する必要があります。

〈過去の財務データ〉

中小企業経営指標など同業の財務データといったものが正常な物差しとして考えられますが，過去の財務データでの特殊要因や同業他社データでも，それぞれ企業の業態・取引条件などはその企業独特のものがあり，そのままそれを正常な物差しとして見ることは難しい場合もあります。このため，これらのデータを活用する場合には，分析者の蓄積されたノウハウ・経験が大きく作用することに留意しておく必要があります。

3　過去３期を連続してみる

流動比率の分析など，決算書を単体で概観してもある程度の分析は可能ですが，過去３期あるいは５期くらい並べてみると一層異常部分が鮮明になります。

１期だけの分析では隠れていた異常や不自然なものが，並べてみるとよくみえてくるというわけです。あるいは，１期だけではごまかせても，並べてみるとごまかし切れないボロが出てくるといった方がよいかもしれません。

そこで，突出した残高や回転率に表れた異常をマークすることにします。そして，その原因を分析するため，推論仮説をしたうえで企業の担当者にヒアリングしてみます。

4　売上債権と在庫増加が諸悪の根源

過大設備投資も問題ですが，これは販売力や債務負担力との関係で別途検討することとして，経営分析において一番問題とすべきものである，あるいは倒産に直結する病といえるのは，売上債権と在庫の過大です。

在庫の過大についていえば，経営悪化の諸悪の根源であるともいえます。この原因として，売れない在庫やずさんな管理による在庫増，最悪の場合には粉飾決算のための架空在庫などが考えられますが，何が根本的原因かよく調べてみることが必要です。

ところで，高借金体質も異常現象の１つですが，それは借金自体に原因があるのではなく，何らかの資産勘定の異常を反映したものであることが多いので注意が必要です。例えば，建物の購入など設備投資のために借入金を行ったために高借金体質になる場合があります。この場合，借金に比して資産の部も増えることになりますが，その設備投資が健全なものであれば，高借金体質であっても，あるいは資産の部が異常に増加したとしても，それは大きな問題になるとは断定できません。

自己資本不足から借入金水準が高いという，調達側すなわち借方内部の問題ということもありますが，それは異常というより資本構成のバランスの問題として別途検討すべきものです。

また，これらの異常は売上高金融費用比率の異常にもつながるので，逆にこちらの面からみてくることも１つの方法です。

4　財務分析の限界とは

Point

決算書の限界をわきまえる必要はありますが，それでもその分析が深く鋭ければ的確な判断をすることも可能となります。

決算書を検討の出発点とし，足りない部分を補い，異なる部分を修正していく必要があります。

盲信はよくありませんが，分析力を高めればウラに隠れた部分も見えてくるはずです。

決算書が企業の財務状況を正しく表示しているか疑ってみる

みなさんは決算書をどのようにみているでしょうか。その形式や並んだ数字の状況から，企業の財務を絶対的・客観的に正しく表示しているもの，信用するに値するものとしてみているでしょうか。それとも粉飾決算の可能性などを疑ってみているでしょうか。あるいは決算書の数字は過去の業績を反映したものに過ぎず，現在の企業の状況を判断するのは別の定性的要因であるとして，ハナから重視していないでしょうか。

意図的な粉飾決算をしている場合は別として，決算書は非常に意味のある資料です。数字にはストレートに表現されない定性的要因もその行間から読みとることが可能です。ただし，決算書に限界があることも事実ですので，その足りない部分を補い，必要な修正をしていく必要があるのです。

1　財務分析の限界とは

「財務分析の限界」というようなことがよくいわれますが，これは具体的にはどういうことでしょうか。一番大きな問題は，財務分析の基になる決算書類が意図的な粉飾決算がなされている場合には，その決算書には企業の実態が反映されていないため，その数字を分析しても意味がないということです。

もちろん，こうしたものは論外ですが，粉飾決算を発見するのも財務分析の役割であると考えられます。粉飾決算の兆候はどこかに表れているはずですので，注意深く検討する姿勢が重要です。

２　絶対的正確性を保証するものではない

意図的に粉飾決算をしているような場合を別にしても，以下のような事情があるため，財務諸表そのものにはさまざまな問題がある点を常に頭に入れて決算書をみるクセをつけると分析が深く鋭くなります。

すなわち，財務諸表は一般に公正妥当とされる会計処理のルールに基づいて作成されています。資産の評価における取得原価主義とか，発生主義による損益の認識など，妥当とされている会計処理のルールによって作成されているため，現在の会計制度が優れた制度であることに間違いはありません。

しかし，完璧な理論はありえない以上は当然に限界もあり，例えば取得原価主義であるが故に時価主義と比較して現在の資産価値に対し絶対的な正確性を保証するものではないなどの問題がいくつかあります。

３　経理操作の入る余地がある

また，商品や製品の評価方法や減価償却の定率法と定額法など，妥当と認められる現在の会計処理のルールには，選択できる複数の処理方法があります。

このため，決算書の作成に当たっては，経営者や経理担当者の主観的判断が多分に反映されているところもあり，そこに経理操作やその域を越えると粉飾などの余地もあります。

4　子会社との利益調整操作

さらには，現代の企業は種々の経営目的のため多数の関連会社によるグループ経営が行われている場合も多く，時には利益調整などを親会社の益出しのため行うこともまれではありません。期末前での子会社等への押込販売などもあり，これらは連結決算の見方に習熟しなければ発見しづらい面もあります。

5　インフレとの関係

もう1つの留意しなければならない点は，財務諸表は過去の企業活動の結果であって，必ずしもその延長線に将来が描けるというようなものではない，ということです。この問題の典型例がインフレの存在です。

既述の通り，土地や有価証券などの資産については，取得原価主義の原則により評価されています。このため，インフレが激しいバブル期に購入したためキズを大きくした企業であっても，表面上は豊富な資産を持っているという可能性があります。すなわち，決算書の表の顔と企業実態が異なることが多々あるのです。

第5章

融資判断実践のポイント

これまで決算書についてその様式や用語，勘定科目の見方などをみてきましたが，本章ではより融資実務に即した決算書の判断ポイントについて掘り下げてみていきます。

1　赤字か黒字かの見方

Point

利益については，表面的なものにとらわれずに，それが資金的裏付けのある実質的なものか否かを見極める必要があります。

次に，利益や損失をもたらした原因を捉えることが先行きの収益見通しをみるうえでポイントとなります。

必要な先行投資を伴っての利益か，ゆとりのある利益かギリギリの利益かなどを，数期の決算を通して見るようにします。

反対に，利益ではない欠損が生じる場合（いわゆる赤字の場合）には，その基本となる原因を捉えることが第一です。

赤字の原因は何か

赤字か黒字かは損益計算書をみれば一目瞭然ですが，実際のところ，損益計算上の欠損だけを赤字とみるのは表面的な見方であることは今まで見てきたところでも明らかでしょう。

決算書には限界がありますし，粉飾決算が行われることもありますので，実質的な経営状況は赤字であるのに，決算書ではそれを黒字にみせかけることができます。

1　資産の評価方法によって赤字にも黒字にもできる

決算上は利益を計上していたとしても，以下のケースのように，実際に収益力を高めているわけではないのに利益を計上できる場合があります。

①　償却方法や資産の評価方法を変えて黒字としたケース

②　償却すべき不良資産などを償却せず黒字としたケース

③　粉飾決算のケース

棚卸資産の評価額を現在よりも大きくするように評価方法を変えれば簡単に利益は増加しますし，若干の赤字であれば減価償却方法を償却費が少なくなるように定率法から定額法に変更したり，前期に計上した引当金を戻入れる反面，当期は繰入れを行わなかったりするなど，経理処理を変更したり継続しなかったりして赤字を黒字に見せることは可能なわけです。

これらの点については粉飾決算のところでもう少し詳しく検討しますが，以下のような現代の会計制度のもつ欠陥も認識しておく必要があります。

①　経理処理には選択することのできる複数の方法があること

②　経営者や経理担当者にそうした選択の余地のある結果，その判断によって損益が左右されること

③　取得価額を前提とした帳簿上の記録によっているため，資産価値が下落してもあるいは不良債権が発生しても，そのままにしておけばこれらの資産が有している損失は売却や廃棄をするまでは顕在化しないこと

２　実態は赤字と分かったらどうするか

ところで，こうした経理操作や粉飾決算の発見については別途検討するとして，ここでは実態としても赤字であることが判明した場合にどう対応するべきかについて考えてみます。

第一に検討すべきことは赤字の原因が何であるか，ということであり，第二に黒字転換は可能であるか，という点です。

すなわち，赤字の原因が

①　景気低迷などによる一時的なものか

② 企業の基本的な部分に原因のある構造的，致命的なものか

などの判断が重要となります。

なお，②の企業の基本的な部分とは，一般的には製品の競争力，生産コスト，マーケティングなどを意味しますが，さらに深く考察すると，

1 製品のライフサイクルが衰退期にある

2 研究開発や設備投資を怠っている

3 社会的ニーズや需要の動向に鈍感である

4 成長分野への経営資源の投入が行われていない

5 合理化省力化への努力が足りない

6 経営管理が全体的に甘い

など，経営の基本にかかわる問題に起因する赤字の原因を意味します。

こうした原因による赤字は慢性のもので，例え毎期の赤字は大きな額でなくとも，長い期間にわたり解消されず，結果として借入金も漸増することになります。このため，このような原因が存在するのであれば，会社は立ち直ることなくジリ貧状態が続き赤字が累増していくだけで，いずれ倒産する破目になる場合も多いといえます。

それでは，上記のような構造的な原因による慢性的な赤字ではなく，いわば急性の赤字というものがあるのでしょうか。実際のところ，このような原因による赤字も多々あります。例えば，大口不良債権の発生など一過性のアクシデントにより多額の赤字が発生したような場合が挙げられます。

しかし，このような急性の赤字については，一度に大きな資金負担を生ずるなど痛手は大きいものの，再建のための思い切った抜本策や再建計画により案外早く立ち直るケースが多くみられます。

その他，広告宣伝に必要な先行投資を行ったことなど，一時的でかつ健全な赤字というものもありますので，単に当期の決算書の赤字を取り上げるのではなく，その原因を特定するという視点で赤字をみることも

必要なのです。

３　黒字の場合の決算書の見方

それでは黒字なら何も問題はないのかといえば，これも赤字の場合と同様に原因を検討する，という見方が必要になります。このため，黒字の程度や推移をどうみるかということが大切です。

例えば，一般的には黒字の額が多ければ多いほど良い，あるいは対売上や対総資本で見てその比率が高ければ高いほど良いといわれますが，もっと重要なことは，高収益を将来に渡り継続していくことであり，この結果として不況期にも利益があまり落ちないという企業体質を作り上げることです。

一般的に，好況時には供給不足から多くの企業で黒字を計上できるようになります。しかし，需要不足の不況期に入ると製品競争力の弱い企業はたちまち赤字となります。そのほか，財務力の違いや過去の決算におけるゆとりある処理といったものが不況期に表れ，赤字になるといった側面もあるかもしれません。

しかし，実際のところ本当に実力のある企業は不況時にもあまり利益は低下しません。不況時にどの程度の収益力を発揮できるか，という観点に立って利益をみると非常に参考になります。例えば，先行投資がうまくいっているかどうかということにも原因があるかもしれません。加えて，現状の利益は少なくても，将来を見通して設備や研究開発や人材育成あるいは企業イメージ，商品PRなどに現在の利益を振り向けているのかもしれません。

このような場合には，長期的にそれが継続され一時的に利益の圧迫要因となっていても，その結果として将来の利益としてハネ返ってくるような投資であるのか，ということもみておく必要がありそうです。

2　資金繰りは余裕か逼迫かの見方

Point

借入れをすれば当然に資金繰りに当面の余裕ができますが，将来的には再度資金繰りの危機が生じることが想定されます。

このため，融資の判断に当たって重要なことは，資金繰りにゆとりの生ずる自己資本を中心とした財務構造を構築しているか，支払・回収条件の均衡といった裏付けに支えられた利益があるかどうか，ということです。

正味運転資本はどのくらいあるか

資金繰りに余裕があるか否かは，手許流動性の状況や流動性預金に常時ゆとりがあるか等によって窺い知ることができます。

$$手許流動性 = \frac{現金預金・一時所有有価証券}{月平均売上高}$$

このような見方はもちろん重要ですが，実際のところ運転資金の必要量を上回って借入れをすれば，こうした状況を作り出すことは可能です。このため，これだけをもって本質的に余裕があるとはいえない，ということをまず理解しておきましょう。

1　本当に資金繰りに余裕のある状況とは

では，本当に資金繰りに余裕があるというのはどういうことでしょうか。資金の状況は，固定資産の部と運転資金の部に分けられますので，それら両者が構造的に余裕のある状況こそ，本当に余裕があるといえます。

まず，固定資産の部における正味運転資本にゆとりのあることと，その水準の高さが重要な判断要素となります。正味運転資本とは，現状会社が自由に使えるお金を意味し，以下の算式で計算されます。

正味運転資本　＝　自己資本　＋　固定負債　－　固定資産
　　　　　　　＝　流動資産　－　流動負債

次に，運転資金の部でその中心となる収支ズレがあまり大きな負担とならないことです。収支ズレとは，入出金のタイミングの差を意味し，以下の算式で計算されます。

収支ズレ ＝ 売上債権回転期間 ＋ 棚卸資産回転期間 － 買入債務回転期間

基本的にはこの２つによって会社の資金繰り体質が決まるといってよいと思います。

２　収支ズレを正味運転資本で賄うのが理想

収支ズレを正味運転資本で賄い，結果としてなお１～２ヵ月程度の手許流動性が常時保有できれば，借入金はもちろん手形割引さえ必要がないということになります。これを勘案すれば，正味運転資本を月商×（収支ズレ期間＋１～２ヵ月）程度は用意する，ということになります。

もちろんこれは理想ですから，最低でも正味運転資本で必要とする手許流動性を賄うことを目安としましょう。こうすれば，収支ズレ分だけ手形割引で賄ったり，決算賞与資金や季節資金程度を手形借入で賄ったりする，といった状況を達成できることになり，水準以上の企業であるといえます。

図表５－１　正味運転資本のイメージ

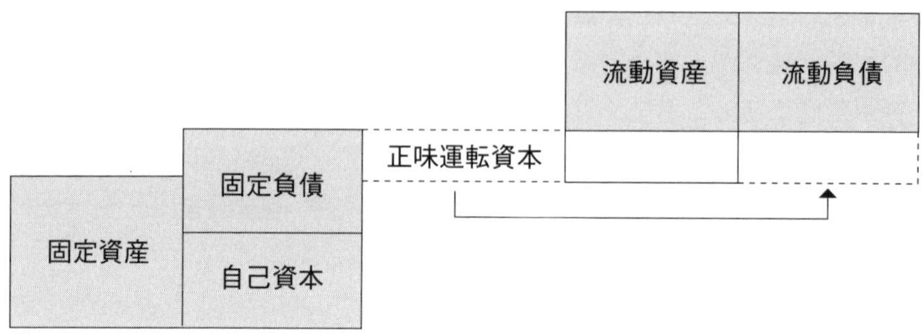

なお，やや条件が多くなりますが，これには正味運転資本の構成要素である固定負債が，通常のキャッシュ・フロー＝内部留保利益＋償却資金（引当金積増分を含む）で無理なく償還できることが条件となります。なぜなら償還資金が不足すればその分徐々に運転資金を食いつぶし圧迫するからです。

３　買掛金や支払手形の残高が多い場合

ところで，収支ズレが先ほどとは逆のケースがあります。それは，買掛金や支払手形の残高が在庫や売掛債権を上回っているケースです。

こういうタイプの企業は，正味運転資本が少なくても，あるいはゼロ以下の場合でも資金繰り上はゆとりがありますが，売上が減少すればそのゆとりが減ってきます。このため，好業績時にその余裕資金を設備投資や財テクに回している場合は，売上が減少してしまった時に手元資金は途端に苦しくなります。

以上を踏まえて，資金繰りの検討に当たっては，以下のようなポイントを押さえ，これらの要素を総合して検討する必要があります。

①　正味運転資本はどのくらいあるか

②　その正味運転資本はどのように運用されているか

③　正味運転資本は自己資本部分によっているのか，固定負債に依存するものか

④　固定負債に依存する場合，返済負担のある長期借入金や社債などの償還は収益力からみて十分余裕のあるものか

⑤　収支ズレは合理的な範囲か，支払条件や回収条件に異常なものはないか

⑥　収支ズレは売上債権中の受取手形を割引して充当すれば賄える程度か，在庫等が多く単名調達を必要とするか

⑦　雑勘定や仮払金，有価証券運用などに正味運転資本は固定されていないか

3　資産の評価方法（在庫も）

Point

資産は，貨幣性資産を除いて費用の前払いという感覚でみることが重要です。

反対に，現金化しやすい有価証券などの貨幣性資産については，回収可能性をシビアに見るように注意しましょう。

1　資産の評価

決算書を作成する場合においては資産の評価が重要です。資産の評価とは，貸借対照表に計上する資産の金額をいくらとするかということであり，以下のような項目が中心となります。

① 棚卸資産の評価

② 固定資産の減価償却手続

③ 未経過項目の調整（収益や費用の繰延べ，見越し）

これに加えて，資産については，貸借対照表に計上されている資産の帳簿価額は期間損益計算上の要請を反映したものであり，決算日時点の時価を意味しているわけではないことにも注意してください。

貸借対照表と損益計算書は表裏の関係にあるため，このような評価が貸借対照表に反映されるわけですが，決算書を理解するうえではこのことを正確に理解しておく必要があります。

資産評価の大原則は，資産を取得した時の金額をそのまま評価額とする，取得原価主義です（ただし，一定の有価証券などは時価評価することとされています）。

貸借対照表は会社が保有する財産額を表す，という感覚で資産をとらえれば，現在の時価によって評価することが適切かもしれません。しかし，現代の会計においては，損益計算書上の費用にならない貨幣性資産は別にして，貸借対照表に計上されている資産の評価額は，その資産の種類に応じて費用配分の原則によって収益に対応する費用として各事業年度に適正に配分すべきものととらえられます。

すなわち，資産は費用の前払いであると捉えているため，時価ではなく取得価額をベースに評価することが各事業年度への費用配分上適当である，と判断されているのです。

表現を変えれば，資産は投下資本であり，その回収過程を決算という一時点の断面で捉えた時，まだ未回収のものが資産として計上されていると考えることができます。そうすると貸借対照表を違った感覚で見ることができるでしょう。例えば機械装置のケースを考えてみると，減価償却によって今期の収益に対応する費用と来期以降に費用となるもの（回収すべきもの）に分けて，前者は費用として損益計算書に，後者は資産として貸借対照表に計上します。

ところで，資産は次のように大別されます。

①　費用性資産　→　棚卸資産・固定資産・繰延資産・前払費用など

②　貨幣性資産　→　現金預金・売掛債権・貸付金・有価証券など

そして，その評価の基本は

①　費用性資産　→　投下資本………………将来費用となる部分

②　貨幣性資産　→　債権等の額……………回収見込額

ということになります。

棚卸資産や固定資産は，売上原価や減価償却費として損益計算書上の費用となりうるものであり，この性質を取り上げて費用性資産と呼ぶ一方，現金預金や売掛債権は損益計算書上の費用とはならず，むしろ貨幣のような支払手段になるため貨幣性資産というわけです。

費用性資産のうち，損益計算に大きな影響を与えるのが棚卸資産の評価です。棚卸資産は数量に単価を乗じて計算されますが，この数量と単価の計算方法は会社によって異なってもよいこととされています。

まず，数量は商品有高帳など継続記録（中小企業では備置していない場合が多い）によるものを，期末の実地棚卸で修正し，計算します。

次に,単価の計算は大きく原価法と低価法に分けられます。原価法は,単価そのものを取得した段階における単価をベースに計算する方法で,その計算には①個別法，②先入先出法，③総平均法，④移動平均法，⑤単純平均法，⑥最終仕入原価法，⑦売価還元法，などがあります。中小企業の場合は税法上の原則である簡便な最終仕入原価法によっていることがほとんどです。

一方，低価法とは，原価法で計算した単価と期末における時価単価を比較し，いずれか低い方の単価を基に評価する方法です。

さらに，損益計算に大きく影響するのは固定資産の減価償却費の計算ですが，これについては繰延資産などとともに償却方法について詳しく触れていますので，ここでは詳細な説明は省きます。

ところで，既述の通り，資産は原則として取得原価主義で評価されますが，最近では与信判断上，時価の情報が求められるケースも増えています。

この点において注意すべきものが，バブル時代に投機目的などで仕込んだ土地や有価証券などです。これらの資産はその後の大きな値下がりによって貸借対照表に計上されている価額が時価を大きく上回り，含み損となっていることが多いからです。

この点を踏まえると，粉飾決算等を見抜く上で重要なポイントが分かります。有価証券のうち，売買を繰り返し売却益を期待するものは原則として時価評価しなければなりませんので，時価法を採用しているかどうかで企業の決算態度が甘いかシビアであるかがわかります。時価法が原則であるにもかかわらず原価法を採用しているのであれば含み損は表に出ないため，実質的な貸借対照表は痛んでいると想定できるわけです。

一定の有価証券を時価評価すべきと規定している金融商品会計基準が適用される大企業はそれに厳格に従っていると思いますが，中小企業の場合は会計基準に厳格に従わず甘い決算を組むことも多いので，このあたりも十分に確認したいポイントです。

有価証券とは異なり転売目的で購入する土地については，税法上の制約もあって原則として評価替えすることはできません。このため，基本的には土地と粉飾決算は結びつきにくいのですが，その逆の節税に使われるケースが散見されます。例えば，関係会社にその土地を売却して含み損を実現し，税負担の軽減を図る例はよくみられるケースです。ちなみに，平成22年度税制改正によって創設されたグループ法人税制の適用により，例えば100％グループ内の子会社に売却した不動産の譲渡損益については，そのグループ外へ移転するまでは損益の実現が繰延べられることとなったため，現在はこのようなケースはほとんどみられなくなりました。

良いか悪いかは別として，こうした含み損をどのように処理しようと考えているのか，その点に経営者の姿勢の一端がみえますので，十分にヒアリングをしてみることも重要です。

4　粉飾決算の発見方法

Point

粉飾を見破るのは「決算書を読む」力の集大成です。

資産の評価，決算整理事項，会計処理の継続性などを検討し，基本を固めたうえで，比率分析や資産の回転率などを用いて分析します。法人税の申告書を確認し，検討することも大切です。

また，明確な理由のない借入申込など，兆候をとらえることも重要ですし，場合によっては勘を働かせることも必要でしょう。

粉飾の手口はさまざまで

① 財務諸表の表示だけに手をつける単純なもの

② 帳簿操作，勘定処理を伴うもの

③ 関係会社等を活用し，実質的には粉飾とはいえないが形式上は粉飾となっているもの

④ 資産の評価や償却の方法を正当な理由なく変更するもの

外部からみて，財務数値だけで粉飾決算を見抜く決め手となるような発見方法はありません。しかし，決算数字を追うだけでも，

① 目にみえる程度に単純な棚卸資産の水増し計上

② 減価償却をしないこと

③ 会計処理の方法を理由もなく変更する

といった粉飾決算の兆候を読み取ることができます。

1　売上原価の操作による粉飾

単純な棚卸資産の水増し計上というのは，売上に対応する費用として

の売上原価が下図のようにとして算定されることから，売上原価の計算上控除される期末商品（または製品）棚卸高を水増しすることによって，結果として売上原価を少なくし，売上総利益を多く計上するというものです。

期首商品（または製品）棚卸高	①
当期商品仕入高（または当期製造原価）	②
合　　計	
期末商品（または製品）棚卸高	③
売上原価（①＋②－③）	

この場合，貸借対照表上の商品・製品の計上額を見るまでもなく，貸借対照表と損益計算書との数値が一致しない場合や損益計算書の期首棚卸高と前期貸借対照表の商品・製品が一致しないということであれば粉飾決算は容易にわかります。しかし，現実にはそういった片手落ちの粉飾決算はまず有り得ません。

このため，過去数年の棚卸資産の金額を検討し，著しく伸びていないか，売上高から判断してその棚卸資産の金額が常識的な範囲なのか，といった考察を行う必要があります。

２　減価償却費操作による粉飾

減価償却費については，減価償却資産がありながら償却費が計上されていないとか，確定申告書別表十六（一）または（二）の「減価償却資産の償却額の計算に関する明細書」を確認することによって償却不足額はないか，といった検討をすることにより，粉飾決算の可能性を判断することができます。

ただし，ここで押さえておきたいことは，償却不足額があっても税法上は何ら問題がないということです。減価償却をしなかったからといって税務署に文句をつけられることもなく，かつ償却費はそれほど大きな金額ではありませんので，利益を大きくしたい場合はそれほど悪意なく償却費を操作することがあるのです。つまり，粉飾決算を行おうとする場合に最初に考えるのが減価償却費の調整であり，ここから粉飾決算の兆候を読み解くことができるのです。

以上を踏まえれば，減価償却の仕組みや償却費の計上方法，それに関する税務上の知識などをしっかりと身に付けておくことが重要です。法人税申告書別表十六，耐用年数表，定率法及び定額法の償却率などは確認できるようにしておきましょう。

3　帳簿の調査を行う

会計監査などを行わない限りは確証をつかむことが難しいのが粉飾決算ですが，同じ会社の決算書を複数年分見るなどすれば，粉飾決算の疑いのある兆候をとらえたり，勘が働いたりすることがあるはずです。

疑わしい兆候をみつけたら，それを糸口として種々の方法を使い分け，さらに各勘定科目を掘り下げて確かめることが粉飾決算の発見につながります。

ここで重要なことは，この段階での調査では帳簿やデータ等による裏付け確認はあまり遠慮しないようにすることです。

4　粉飾決算の発見方法

粉飾決算を発見するための方法として，以下のようなポイントを押さえることを覚えておきましょう。

(1)　法人税の確定申告書も検討する

大企業の場合は，これに加えて会計監査人が作成する監査報告書も検討しましょう。

(2) 異常現象をとらえる

まず3～5期の貸借対照表や損益計算書を並べてみます。これにより，貸借対照表については，残高が急増したり激減したりしているものはないか，回転率に異常はないかを確認します。損益計算書については，各段階の利益率（売上総利益率や営業利益など）や費用項目に突出した変化はないかをチェックします。

複数年の決算書を並べて時系列で追うことによって，1期分のみでは分からない異常がみえてきます。すなわち，1期はごまかせても，2，3期と連続すると誤魔化しきれないということです。

(3) 継続取引を通して得た取引先情報と決算書類の整合性のチェック

資金繰表や試算表などと決算書数値との整合性をチェックします。通常赤字は資金のマイナスを伴うため，赤字の発生は使途不明な借入金の申込につながることが多く，こうした明確な理由のない借入申込は赤字を疑ってみることです。

(4) 日常動態観察（勘の働き）

粉飾を発見するには当然に財務諸表による分析が基本ですが，日常動態観察によるものも重要です。すなわち，経験による勘がものをいうことも多くあります。

(5) 財務諸表の深堀りによる検討

次のような点に関して注意深く観察・検討します。

① 財務諸表の作成は会計原則に基づいているか

a 健全な会計処理が選択されているか

例）・売買目的としている有価証券はきちんと時価評価しているか

・引当金は限度一杯計上しているか

・減価償却資産について利用実態に即した償却を行っているか

b　同一の会計処理及び手続の継続性は守られているか

例）・利益を増やす目的で減価償却の方法を定率法から定額法に変更などしていないか

②　個々の勘定科目に異常や変化はないか

特に，売上債権や棚卸資産について異常な増加はないか。借入金の急増や理由なくジリジリ増えていくケースも要注意。

③　財務比率に異常な変化はないか

a　資本回転率の変化は不稼働あるいは不良在庫の存在が疑われる。

b　経常利益と経常収支の関係より不良資産発生や粉飾の手がかりを得る。

経常収支比率の連続マイナスは危険信号の最たるもの。

④　雑費勘定の残高と動きを見る

a　仮払金，立替金の中に経費振替や償却すべき資産はないか。

b　未収金は本当に将来回収できるものか。社長に対する未収利息で実質的に回収できないものはないか。

c　未払費用は正確に計上されているか。

締日以降から期末までの給料や社会保険料などは計上されているか。

⑤　税務上の確定申告書を参照し，検討する

a　決算利益と課税所得の乖離の程度とその原因を見る。

b　引当金繰入や減価償却費は限度額まで計上されているか。

c　貸倒損失や有価証券の評価損等は税法許容限度までフルに利用されているか。

5　融資すべきか否かの判断のポイント

Point

融資すべきか否か，すなわち貸せるか貸せないかの判断は，定性分析や資金使途・返済財源分析，企業の将来見通しに関する判断，さらには担保提供の有無など総合的に判断するものですが，それらの判断の基礎となるもの，また判断の出発点として決算書分析が重要です。

定性分析と資金使途分析が大切

決算書を見ただけで融資可能な会社か否かを判断することは非常に難しいことです。

企業内容を分析する場合，決算書等の数値で判断できるのは定量分析の分野ですが，定性分析の分野，すなわち製品の質や競争力，販売基盤や営業力，ブランドといった面，トップマネージメントや従業員の水準，技術水準や工場の生産性及び合理化の度合い，経営全体の管理水準，それらを含めた将来性といった面のウェイトの方が，実際のところ大きいことはいうまでもありません。

また，決算書は過去の業績の結果を示すものであり，将来を約束するものではありません。

つまり，決算書の数値だけで融資の可否を決定することは間違いの元ということですが，この点を十分に加味したとしても，貸しても全く心配無いと判断できる会社はそう多くはありません。一方で，絶対に貸せないとハッキリ断定できる会社も，実はそれほど多くはないと考えられます。

多くの企業は，程度の差はあっても融資の判断には迷うような対象がかなり多いでしょう。また，その判断にあたっては，永年の取引のいきさつといった面にも左右されます。担保の提供や，割引として持込まれる手形の質などとの兼ね合いで融資する場合もあります。2～3年位先まではある程度予測できても，さらにその先までは保証の限りではないというケースも少なくありません。

1　資金使途・返済財源の検討

以上を踏まえると，融資判断としては資金使途や返済財源を総合的に加味して検討することになるでしょう。

融資を受けた資金を活用することにより，儲けたお金で借入金の返済をすることが正常なのですから，資金使途が明確でなければその返済も危ういということになります。加えて，十分な担保があったり，十分な手元預金があったり，その他のビジネスが好調であったりすれば，万が一の返済財源に充てることもできますので，融資の返済の確実性を見込むことができます。

つまり，融資判断は，資金使途が納得のいくものであるかどうか，返済財源やそれを裏付ける売上や利益の見通しを分析する一方で，これらと決算書を中心とした企業内容，さらには定性分析の分野を総合的にみていかなければ的確な判断はできないといえます。

2　返済原資は内部留保と償却資金を中心に考える

返済について検討する場合，その資金が長期的に返済を受けるべきもの（設備資金などの借入れなど）か，短期的に返済を受けるべきもの（季節的なもの，賞与支払いなどのための借入れなど）か，ということも常に頭に入れておく必要があります。

長期的に返済を受けるべきものであれば，その返済原資は内部留保利益と償却資金を中心としたキャッシュ・フローとすべきですので，長期的な収益見通しがポイントとなります。

短期的に返済を受けるべきものであれば，短期間のうちに十分な資金収入があるかという面と，多少計画の狂った場合をカバーするための企業内容はどうか，安全性分析の数値をみることになります。このため，①自己資本比率，②当座・流動比率，③経常収支比率，を中心として，その他の各種経営指標とあわせて総合的判断をすることになります。

いずれにしても，融資判断は資金使途分析と抱き合わせの判断となり，また，資金使途分析によって企業内容のより具体的な面も見えてきます。資金使途分析についてここでは触れませんが，機会をみてマスターすることをお勧めします。

ところで，定性分析や資金使途分析の重要性の方が大きいとはいえ，決算書を活用した定量分析が不要ということではありません。なぜなら，決算書を活用した定量分析はこれらの分析と基礎資料ともなるものだからです。

確かに決算書の内容は過去のものですが，それを慎重かつ丁寧に読み解き，検討することによって将来も見えてきます。実際のところ，経験的に過去が比較的安定した高収益企業は将来性も安定的に高収益を維持する例が多く，経営に優れた面やゆとりがあります。このような点においても決算書分析の重要性を否定することはできず，些かも疎かにすることはできません。

キャッシュ・フロー計算書の見方・分析の仕方

第６章では，数ある決算書のうち，貸借対照表と損益計算書に次いで重要なキャッシュ・フロー計算書について，その基本的な中身を理解するとともに，貸借対照表及び損益計算書との関連や見方のポイント，分析方法の基礎について，設問形式で確認しておきます。

1　キャッシュ・フロー計算書とは何か

Point

企業全体の資金の流れをつかむ決算書のことです。キャッシュ・フロー計算書と従来の資金三表との相違点を理解し，ケースに応じて使い分け併用することによって，より明確な分析を行うことができます。

1　資金繰りが続く限り倒産はしない

毎期黒字で優良企業とみられていた企業が，ある日資金繰りに行き詰まり倒産することがあります。これとは逆に，赤字企業でも資金繰りが続く限り倒産はしない，ということもよくあるケースです。

企業にとってお金（キャッシュ）の流れが途切れることは，即倒産を意味します。すなわち，お金の出入を把握することは企業の状況を把握するための重要な要素なのです。

従来は資金分析のツールとして資金移動表，資金運用表，資金繰表が利用されてきましたが，平成10年3月13日企業会計審議会より「連結キャッシュ・フロー計算書等の作成基準の設定に関する意見書」(以下「意見書」という）が公表され，平成11年4月1日以降開始する事業年度から連結情報重視の観点から連結ベースのキャッシュ・フロー計算書が導入され，個別財務諸表についても，従来の資金収支表に代えて個別ベースのキャッシュ・フロー計算書が導入されることとなりました。

2　資金移動表と同様な機能

キャッシュ・フロー計算書は，資金移動表と同様に企業全体の資金の動きを把握するためのものです。

資金移動表は，その内訳を「経常収支」「設備その他収支」「財務収支」の3つに分けて現預金の増減を導く様式となっています。そして資金移動表は，会社外部の人が貸借対照表や損益計算書を基にその会社の状況を検討するために作成します。

これに対してキャッシュ・フロー計算書は，資金の流れをその原因に応じて「営業活動によるキャッシュ・フロー」「投資活動によるキャッシュ・フロー」「財務活動によるキャッシュ・フロー」の3つに分けて，現金及び現金同等物の増減を導いており，貸借対照表及び損益計算書に並ぶ財務諸表として位置づけられ，会社自身によって作成されます。

すなわち，キャッシュ・フロー計算書は，会計基準として定められた様式に従って作成されており他社と比較可能になっているのです。ただし，キャッシュ・フロー計算書も資金移動表と同様に，外部の人間が貸借対照表及び損益計算書を基に作成することが可能です。

2　貸借対照表，損益計算書とキャッシュ・フロー計算書の関係

Point

発生主義に基づいて作られる貸借対照表や損益計算書を，現金主義に基づき修正して収支を計算したものがキャッシュ・フロー計算書です。キャッシュ・フロー計算は損益計算に比べて恣意性が入りにくいといわれています。しかし，だからといって従来の損益計算が不要というわけではありません。両者は補完的なもので，両者を併用して分析することによって，より正確な分析ができるのです。

1　発生主義に基づく貸借対照表，損益計算書

貸借対照表及び損益計算書は，発生主義に基づき一会計期間に発生したすべての収益費用及び資産負債を集計したものです。これには，いつの時点で発生したと認識するか，仮定や見積りにより金額を計算する，などの点で恣意性が介入せざるを得ない状況にあります。

これに対してキャッシュ・フロー計算書は，一会計期間の現金収入と現金支出を集計したものです。すなわち，現金主義に基づき収支を計算したものであり，前者のような恣意性の介入する余地が少なく，一会計期間の現金残高の現実の増減の内訳を表しています（図表６－１参照）。

すなわち，貸借対照表および損益計算書は発生主義に基づく経営状況を表すのに対し，キャッシュ・フロー計算書は現金主義に基づく経営状況を表すものであり，両者は補完的な関係にあるといえるのです。

よく言われることですが，貸借対照表や損益計算書は意見を表し，キャッシュ・フロー計算書は事実を表すのです。

２　勘定科目とキャッシュ・フロー計算書の関係

次に，各勘定科目とキャッシュ･フロー計算書の関係をみていきます。

キャッシュ・フロー計算書の作成方法には，「営業活動によるキャッシュ・フロー」の表示方法として直接法と間接法とがあります（いずれの方法でも「営業活動によるキャッシュ･フロー」の合計額は一致します)。

直接法は，営業収入や原材料・商品等の仕入れによる支出等，主要な取引ごとに一会計期間の収入と支出を会計データから直接把握し，総収入と総支出を表示する方法です。

間接法は，損益計算書の税引前当期純利益に，非資金損益項目，営業活動に係る資産及び負債の増減並びにその他一定の損益項目を加減算して「営業活動によるキャッシュ・フロー」を計算する方法です。

図表６－２と図表６－３に直接法によるキャッシュ・フロー計算書と間接法によるキャッシュ・フロー計算書のひな形を示しておきますので参照してください。

間接法の場合，資産・負債・損益それぞれの勘定科目とキャッシュ・フロー計算書の項目との関係は以下のようになります。

⑴　資産科目の残高の増加はマイナスに調整する

「図表６－４－⑴」のように，売掛金残高が増加した場合はキャッシュ・フローにマイナスの影響を与えます。売掛金残高の増加は売上高を通じ利益にプラスされていますが，この入金は未了のため，キャッシュ・フローの計算上は当期純利益から差し引くことになるわけです。

逆に「図表６－４－⑵」のように，売掛金残高が減少した場合は当期純利益に反映されませんが，現金は増えていますのでキャッシュ・フローにプラスの影響を与えます。

棚卸資産の増加とは，仕入による増加の方が販売による減少よりも多いということを意味します。このため，仕入による現金支出の方が販売による現金化（＝売上原価への振替）よりも多いことになります。つまり，売上原価に反映されていない現金支出がある状態ですから，当期純利益からマイナスします（「図表６－５－⑴」）。

反対に，棚卸資産の減少とは，仕入による増加よりも販売による減少の方が多いことを意味するわけで，売上原価に反映されている現金支出が大きいので利益にプラスします（「図表６－５－⑵」）。

他の資産科目も同様に，増加はマイナスの影響，減少はプラスの影響になります。

⑵　負債科目の残高の増加はプラスとして調整する

「図表６－６－⑴」のように，買掛金残高の増加は仕入増を通じて売上原価または棚卸資産を増加させます。売上原価が増加すると当期純利益を減少させます。しかし現金の流出はないため当期純利益に加算します。棚卸資産が増加したとしても，それによる影響は棚卸資産の増減額の項目で相殺されるため，いずれにせよ加算して調整します。

逆に，「図表６－６－⑵」のように，買掛金残高が減少しても利益は変わりませんが，現金支出を伴うためキャッシュ・フローにマイナスの影響を与えます。

他の負債科目も同様に，増加はプラスの影響，減少はマイナスの影響です。

⑶　非資金項目も調整する

非資金項目とは，減価償却費，貸倒引当金繰入額，退職給付費用，除却損，評価損益，持分法損益など，損益計算上収益費用に計上しているが実際に入出金の無いものです。

これらは利益には反映されていますが，実際に入出金は無いのでキャッシュ・フロー計算上，費用は加算，収益は減算します。

図表6－1　当期キャッシュ・フロー計算書

当期キャッシュ・フロー計算書
収入
支出
増加現金 2
当期B／S
増加現金 2
負債
増加 運転資本 3
資本
流動資産
当期利益 4
固定資産
減価償却費1
当期P／L
費用
収益
当期利益 4
前期B／S
流動資産
負債
固定資産
資本

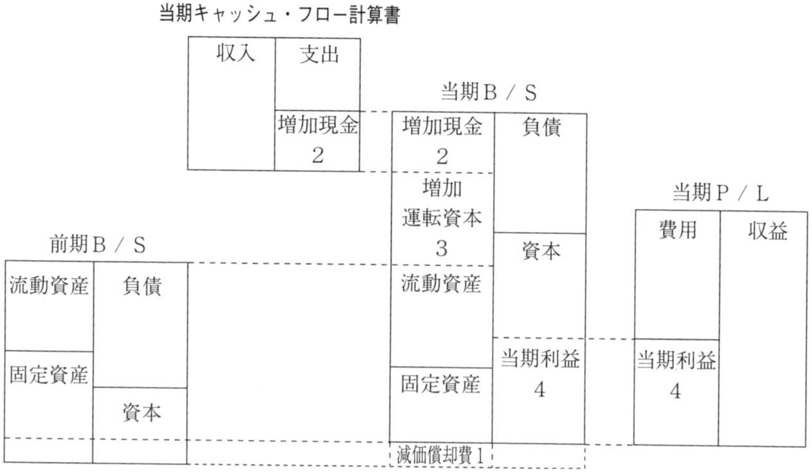

貸借対照表，損益計算書とキャッシュ・フロー計算書との関係は図のようになる。損益計算書が留保利益の増減を表すのに対し，キャッシュ・フロー計算書は現金の増減を表している。

当期利益と増加現金との間には次のような関係がある。

当期増加現金 ＝ 当期利益 ＋ 非資金費用（減価償却費）－ 増加運転資本
2 ＝ 4 ＋ 1 － 3

ただし，図では他の流動資産や固定資産の購入売却，借入金の増減，増資等は考慮していない。

また，運転資本は，売上債権　＋　棚卸資産　－　仕入債務として表される。

この式はすなわち間接法によるキャッシュ・フローの把握方法を表している。

図表６－２　様式１（「営業活動によるキャッシュ・フロー」を直接法により表示する場合）

Ⅰ　営業活動によるキャッシュ・フロー	
営業収入	×××
原材料又は商品の仕入支出	－×××
人件費支出	－×××
その他の営業支出	－×××
小　　計	×××
利息及び配当金の受取額	×××
利息の支払額	－×××
損害賠償金の支払額	－×××
…………	×××
法人税等の支払額	－×××
営業活動によるキャッシュ・フロー	×××
Ⅱ　投資活動によるキャッシュ・フロー	
有価証券の取得による支出	－×××
有価証券の売却による収入	×××
有形固定資産の取得による支出	－×××
有形固定資産の売却による収入	×××
投資有価証券の取得による支出	－×××
投資有価証券の売却による収入	×××
連結範囲の変更を伴う子会社株式の取得	－×××
連結範囲の変更を伴う子会社株式の売却	×××
貸付けによる支出	－×××
貸付金の回収による収入	×××
…………	×××
投資活動によるキャッシュ・フロー	×××
Ⅲ　財務活動によるキャッシュ・フロー	
短期借入れによる収入	×××
短期借入金の返済による支出	－×××
長期借入れによる収入	×××
長期借入金の返済による支出	－×××
社債の発行による収入	×××
社債の償還による支出	－×××
株式の発行による収入	×××
自己株式の取得による支出	－×××
親会社による配当金の支払額	－×××
少数株主への配当金の支払額	－×××
…………	×××
財務活動によるキャッシュ・フロー	×××
Ⅳ　現金及び現金同等物に係る換算差額	×××
Ⅴ　現金及び現金同等物の増加額	×××
Ⅵ　現金及び現金同等物期首残高	×××
Ⅶ　現金及び現金同等物期末残高	×××

図表6－3　様式2（「営業活動によるキャッシュ・フロー」を間接法により表示する場合）

Ⅰ　営業活動によるキャッシュ・フロー	
税金等調整前当期純利益	×××
減価償却費	×××
連結調整勘定償却額	×××
貸倒引当金の増加額	×××
受取利息及び受取配当金	－×××
支払利息	×××
為替差損	×××
持分法による投資利益	－×××
有形固定資産売却益	－×××
損害賠償損失	×××
売上債権の増加額	－×××
棚卸資産の減少額	×××
仕入債務の減少額	－×××
…………	×××
小　　計	×××
利息及び配当金の受取額	×××
利息の支払額	－×××
損害賠償金の支払額	－×××
…………	×××
法人税等の支払額	－×××
営業活動によるキャッシュ・フロー	×××
Ⅱ　投資活動によるキャッシュ・フロー（様式1に同じ）	
Ⅲ　財務活動によるキャッシュ・フロー（様式1に同じ）	
Ⅳ　現金及び現金同等物に係る換算差額	×××
Ⅴ　現金及び現金同等物の増加額	×××
Ⅵ　現金及び現金同等物期首残高	×××
Ⅶ　現金及び現金同等物期末残高	×××

図表6－4　売掛金残高の増加と減少

(1)　売上債権の増加

期首B/S

借方		貸方	
現金	1	買掛金	1
売掛金	2	資本	4
商品	2		

仕訳

借方		貸方	
売掛金	2	売上	2
仕入	1	現金	1
期首棚卸高	2	商品	2
商品	2	期末棚卸高	2

期末B/S

借方		貸方	
売掛金	4	買掛金	1
		資本	4
商品	2		
		当期利益	1

P/L

売上高		2
期首棚卸高	2	
当期仕入高	1	
期末棚卸高	2	1
当期利益		1

キャッシュ・フロー

a 当期利益	1
b 売上債権の増減	2
c 棚卸資産の増減	0
d 仕入債務の増減	0
e = a － b － c ＋ d 現金の増減	▲1

(2)　売上債権の減少

仕訳

借方		貸方	
現金	2	売上	2
仕入	1	現金	1
現金	2	売掛金	2
期首棚卸高	2	商品	2
商品	2	期末棚卸高	2

期末B/S

借方		貸方	
現金	4	買掛金	1
		資本	4
商品	2		
		当期利益	1

P/L

売上高		2
期首棚卸高	2	
当期仕入高	1	
期末棚卸高	2	1
当期利益		1

キャッシュ・フロー

a 当期利益	1
b 売上債権の増減	▲2
c 棚卸資産の増減	0
d 仕入債務の増減	0
e = a － b － c ＋ d 現金の増減	3

図表６－５　棚卸資産の増加と減少

(1) 棚卸資産の増加

期首B/S

借方		貸方	
現金	1	買掛金	1
売掛金	2	資本	4
商品	2		

期末B/S

借方		貸方	
現金	1	買掛金	1
売掛金	2	資本	4
商品	3		
		当期利益	1

仕訳

借方		貸方	
現金	2	売上	2
仕入	2	現金	2
期首棚卸高	2	商品	2
商品	3	期末棚卸高	3

P/L

売上高		2
期首棚卸高	2	
当期仕入高	2	
期末棚卸高	3	1
当期利益		1

キャッシュ・フロー

a 当期利益	1
b 売上債権の増減	0
c 棚卸資産の増減	1
d 仕入債務の増減	0
e = a − b − c + d 現金の増減	0

(2) 棚卸資産の減少

仕訳

借方		貸方	
現金	2	売上	2
期首棚卸高	2	商品	2
商品	1	期末棚卸高	1

期末B/S

借方		貸方	
現金	3	買掛金	1
		資本	4
売掛金	2		
商品	1	当期利益	1

P/L

売上高		2
期首棚卸高	2	
当期仕入高	0	
期末棚卸高	1	1
当期利益		1

キャッシュ・フロー

a 当期利益	1
b 売上債権の増減	0
c 棚卸資産の増減	▲1
d 仕入債務の増減	0
e = a − b − c + d 現金の増減	2

図表6－6　買掛金残高の増加と減少

(1)　仕入債務の増加

期首B/S

借方		貸方	
現　金	1	買掛金	1
売掛金	2	資　本	4
商　品	2		

仕訳

借　方		貸　方	
現　金	2	売　上	2
仕　入	1	買掛金	1
期首棚卸高	2	商　品	2
商　品	2	期末棚卸高	2

期末B/S

借方		貸方	
現　金	3	買掛金	2
		資　本	4
売掛金	2		
商　品	2	当期利益	1

P/L

売上高		2
期首棚卸高	2	
当期仕入高	1	
期末棚卸高	2	1
当期利益		1

キャッシュ・フロー

a 当期利益	1
b 売上債権の増減	0
c 棚卸資産の増減	0
d 仕入債務の増減	1
e = a − b − c + d 現金の増減	2

(2)　仕入債務の減少

仕訳

借　方		貸　方	
現　金	2	売　上	2
仕　入	1	現　金	1
買掛金	1	現　金	1
期首棚卸高	2	商　品	2
商　品	2	期末棚卸高	2

期末B/S

借方		貸方	
現　金	1	資　本	4
売掛金	2		
商　品	2	当期利益	1

P/L

売上高		2
期首棚卸高	2	
当期仕入高	1	
期末棚卸高	2	1
当期利益		1

キャッシュ・フロー

a 当期利益	1
b 売上債権の増減	0
c 棚卸資産の増減	0
d 仕入債務の増減	▲1
e = a − b − c + d 現金の増減	0

3　税効果会計との関係は

Point

キャッシュ・フロー計算書では法人税等の実際支払額が表示されます。会計上の利益と法人税法上の所得の生じるタイミングのズレを表す繰延税金資産・負債は，キャッシュ・フロー計算書には表れません。

キャッシュ・フロー計算書は，間接法による場合は税引前当期純利益からスタートします。法人税等は実際支払額を「営業活動によるキャッシュ・フロー」の小計の下に記載します。

ここで，法人税等の実際支払額は前期未払法人税等（前期B/S）＋当期法人税，住民税及び事業税等（当期P/L）－当期未払法人税等（当期B/S）で計算できます。

繰延税金資産及び繰延税金負債については，第2章の税効果会計の頁で説明しているように，会計上の利益と法人税法上の課税所得との差異のうち，将来解消されるものから計算される法人税等の調整額を意味し，当期に申告加算したものに係る法人税等は当期に納税義務は発生しているが将来減算される期の前払いと考え資産計上し，当期に申告減算しているものは当期に納税義務は発生していないが将来申告加算される期の法人税等の未払いと考え負債計上するものです。

このため，減価償却と同様に，税効果会計は会計上の処理に過ぎず，直接入出金に係るものではありません。また，その損益計算書での記載は，税効果会計により計算される繰延税金資産・負債の差額として，法人税，住民税及び事業税の下に法人税等調整額として別記されるため，上記の法人税等の支払額の計算にも影響しません。

つまり，繰延税金資産及び繰延税金負債は，キャッシュ・フロー計算書には影響を及ぼさないのです。

4　時価会計との関係は

Point

有価証券等の評価損益は，満期または売却するまでは現金収支を伴わないのでキャッシュ・フロー計算書では間接法の調整項目として現れます。ただし，売却額については，投資活動または財務活動によるキャッシュ・フローの項に表示されます。

第２章の有価証券の項で説明したように，金融商品は時価評価することになっていますが，その評価損益は現金の収支を伴わない計算上の損益なので，減価償却費や諸引当金のようにキャッシュ・フローには影響しません。

したがって，間接法によりキャッシュ・フロー計算書を作成する場合には,税引前当期純利益（損失）に加減算して調整する必要があります。ただし，その他有価証券で評価損益を直接資本の部に計上している場合には，税引前当期純利益（損失）には影響していないため，調整する必要はありません。

その一方で，金融商品を売却したり購入したりする場合には，現金の収支を伴いますので，投資活動または財務活動によるキャッシュ・フローにその総額を記載することになります。

5　連結決算との関係は

Point

公開会社では連結キャッシュ・フロー計算書が財務諸表として開示されますが，非公開会社については個別ベースでも開示されません。中小企業においても，グループ全体の分析をするためには，簡易なやり方でも連結貸借対照表や連結損益計算書，連結キャッシュ・フロー計算書を作成することが必要です。

本章「１」で述べたように，キャッシュ・フロー計算書は，連結情報重視の観点から連結ベースのキャッシュ・フロー計算書が導入され，個別財務諸表についても，従来の資金収支表に代えて個別ベースのキャッシュ・フロー計算書を導入することになったものです。

このため，連結財務諸表の一部として連結キャッシュ・フロー計算書が開示されます。つまり，連結決算手続きの一部としてキャッシュ・フロー計算書が作成されるのです。

その作成方法は，他の財務諸表と同様に，個別のキャッシュ・フロー計算書を合算して，連結会社間相互のキャッシュ・フローの相殺消去，連結調整勘定償却額等の調整などをして連結キャッシュ・フロー計算書を完成させるのが原則法ですが，簡便法として連結決算数値を基に作成する方法もあります。

6　キャッシュ・フロー計算書の見方のポイント

Point

３つのキャッシュ・フローは，企業の資金の源泉及び使途を表しています。また，資金の範囲が適切かどうかについても注意が必要です。

1　キャッシュ・フローの表示区分

キャッシュ・フロー計算書では，一会計期間におけるキャッシュ・フローを「営業活動によるキャッシュ・フロー」「投資活動によるキャッシュ・フロー」「財務活動によるキャッシュ・フロー」の３つの区分に分けて表示します。

個々のキャッシュ・フローをいずれの区分に記載するかについては，原則としてそのキャッシュ・フローに係る取引が企業の事業目的や決済条件等の取引慣行を考慮して，いずれの性格をより強く有するか，つまり，当該キャッシュ・フローがどの活動とより強く関連しているかにより判定します。

2　営業活動によるキャッシュ・フロー

「営業活動によるキャッシュ・フロー」の金額は，企業が外部からの資金調達に頼ることなく，営業能力を維持し，新規投資を行い，借入金を返済し，配当金を支払うために，どの程度の資金を主たる営業活動から獲得したかを示す主要な情報となります。

「営業活動によるキャッシュ・フロー」の区分には，営業損益計算の対象となった取引に係るキャッシュ・フロー，営業活動に係る債権・債務から生じるキャッシュ・フローならびに投資活動及び財務活動以外の取引によるキャッシュ・フローを記載します。

(1) 営業損益計算の対象となった取引とは

営業損益計算の対象となった取引とは，「商品及び役務の販売による収入，商品及び役務の購入による支出等」とされており，売上高，売上原価，販売費及び一般管理費に含まれる取引に係るキャッシュ・フローは「営業活動によるキャッシュ・フロー」の区分に記載されます。

(2) 営業活動に係る債権・債務から生じるキャッシュ・フロー

営業活動に係る債権・債務から生じるキャッシュ・フローには，売掛金，買掛金等のほか，商品及び役務の販売により取得した手形の割引による収入や営業債権のファクタリング等による収入も含まれます。

また，営業活動に係る債権から生じた破産債権・更生債権等や償却済み債権の回収についても含まれます。

(3) 「営業活動によるキャッシュ・フロー」の区分に含まれる投資活動及び財務活動以外の取引によるキャッシュ・フローの例

災害による保険金収入，損害賠償金の支払，巨額の特別退職金の支給などがあります。

なお，取引先への前渡金や営業保証金の支出及び取引先からの前受金や営業保証金の収入等は，営業損益計算の対象には含まれず，また，営業活動に係る債権または債務から生じるキャッシュ・フローでもありませんが，その取引の性格から「営業活動によるキャッシュ・フロー」に含めます。

3 投資活動によるキャッシュ・フロー

「投資活動によるキャッシュ・フロー」の金額は，将来の利益獲得および資金運用のためにどの程度の資金を支出しまたは回収したかを示します。

この区分には，①有形固定資産及び無形固定資産の取得及び売却，②資金の貸付け及び回収並びに，③現金同等物に含まれない有価証券及び投資有価証券の取得及び売却等の取引に係るキャッシュ・フローを記載します。

４　財務活動によるキャッシュ・フロー

「財務活動によるキャッシュ・フロー」の金額は，営業活動および投資活動を維持するためにどの程度の資金が調達または返済されたかを示します。

この区分には，①借入れ及び株式または社債の発行による資金の調達並びに，②借入金の返済及び社債の償還等の取引に係るキャッシュ・フローを記載します。なお，自己株式の取得に係る支出・売却による収入もこの区分に記載します。

５　間接法によるキャッシュ・フロー計算書の作成

以上のことを踏まえて，「図表６－７」の貸借対照表及び損益計算書の数値に基づいて，「図表６－８」で間接法によりキャッシュ・フロー計算書を作成してあります。キャッシュ・フロー計算書は，資金の範囲やキャッシュ・フローの分類調整項目をどの分類にするかなどでいろいろなものが考えられていますが，ここでは「意見書」の様式２（「営業活動によるキャッシュ・フロー」を間接法により表示する場合）を基にして作成しています。ただし，外部分析を想定して適宜項目を変更しています。

「Ⅰ　営業活動によるキャッシュ・フロー」は，税引前当期純利益に非資金費用を加算して運転資本を調整しています。ここで，受取利息配当金と支払利息割引料を小計の上で加減して，さらに小計の下で加減しいますが，上で損益計算書の金額を加減して一度取り消して，下では未収未払等を調整した収支額を表示しています。

「Ⅱ　投資活動によるキャッシュ・フロー」は，有価証券や固定資産などの購入・売却を記載します。様式２では購入・売却を別建てにしていますが，ここでは額が不明という想定で純額により記載しています。

「Ⅲ　財務活動によるキャッシュ・フロー」は，借入金の借入・返済，社債の発行・償還，株式の発行，配当金の支払などを記載します。ここもⅡと同様の想定で純額により記載しています。

これらのキャッシュ・フローは，文字通り営業活動，投資活動，財務活動の各分野のキャッシュ・フローを示すもので，３つを合計したものが「Ⅳ　現金及び現金同等物の増加額」です。

これに「Ⅴ　現金及び現金同等物期首残高」を加算して，「Ⅵ　現金及び現金同等物期末残高」が算定されます。

ここで，現金及び現金同等物の定義ですが，現金とは手元現金及び要求払預金をいい，現金同等物とは容易に換金可能であり，かつ，価値の変動について僅少なリスクしか負わない短期投資をさしています。現金及び現金同等物の範囲は各企業の判断によっているため注記事項になっています。

よって，分析の際には注記を確認してそれが妥当であるか検討する必要があります。設例では現金及び預金が該当するため，「Ⅵ　現金及び現金同等物期末残高」は貸借対照表の現金及び預金と一致します。

図表６－７　（設例）貸借対照表と損益計算書

貸借対照表

	設　立	１年３月期	２年３月期	３年３月期	４年３月期	５年３月期
現金及び預金	2,000	1,900	1,800	1,900	1,950	2,000
売掛金		800	1,400	1,800	2,300	2,800
貸倒引当金		△6	△11	△14	△18	△22
棚卸資産		370	650	850	980	1,040
未収利息		5	4	2	3	5
未収入金		20	0	0	0	0
有形固定資産		2,000	2,000	2,000	2,000	2,000
減価償却累計額		△737	△1,202	△1,495	△1,680	△1,800
投資その他の資産		300	300	100	100	100
資産合計	2,000	4,652	4,941	5,143	5,635	6,123
買掛金		300	350	400	450	500
短期借入金		600	950	1,400	2,000	2,650
未払金		94	20	66	9	27
未払法人税等		16	143	119	207	188
未払消費税等		0	85	47	50	52
未私利息		26	28	27	29	31
長期借入金		1,600	1,200	800	400	0
退職給与引当金		0	8	25	48	83
負債合計	0	2,636	2,784	2,884	3,193	3,531
資本金	2,000	2,000	2,000	2,000	2,000	2,000
利益剰余金	0	16	157	259	442	592
資本合計	2,000	2,016	2,157	2,259	2,442	2,592
負債及び資本合計	2,000	4,652	4,941	5,143	5,635	6,123

損益計算書

	設　立	１年３月期	２年３月期	３年３月期	４年３月期	５年３月期
売上高		3,500	3,600	3,700	3,800	3,900
期首棚卸高		0	370	650	850	980
材料費		1,500	1,500	1,500	1,500	1,500
労務費		600	600	600	600	600
退職給与引当金繰入額		0	5	11	14	24
経費		300	300	300	300	300
減価償却費		553	349	220	139	90
期末棚卸高		△370	△650	△850	△980	△1,040
売上原価		2,583	2,474	2,431	2,423	2,454
売上総利益		917	1,126	1,269	1,377	1,446
人件費		500	500	500	500	500
経費		100	100	100	100	100
退職給与引当金繰入額		0	3	6	9	11
貸倒引当金繰入額		6	5	3	4	4
減価償却費		184	116	73	46	30
販売費及び一般管理費		790	724	682	659	645
営業利益		127	402	587	718	801
受取利息配当金		10	10	10	5	5
支払利息割引料		105	110	108	115	126
経常利益		32	302	489	608	680
投資有価証券売却損				100		
税引前当期純利益		32	302	389	608	680
法人税等		16	151	194	304	340
当期純利益		16	151	195	304	340

利益処分に関する事項

	設　立	１年３月期	２年３月期	３年３月期	４年３月期	５年３月期
期首利益剰余金			16	157	259	442
配当金			8	75	97	152
役員賞与			2	18	24	38
次期繰越利益剰余金			6	64	138	252

図表6－8 （設例）キャッシュ・フロー計算書

	1年3月期	2年3月期	3年3月期	4年3月期	5年3月期
Ⅰ営業活動によるキャッシュ・フロー					
税引前当期純利益	32	302	389	608	680
減価償却費	737	465	293	185	120
退職給与（付）引当金の増加額	0	8	17	23	35
貸倒引当金の増加額	6	5	3	4	4
投資有価証券売却損			100		
受取利息配当金	△10	△10	△10	△5	△5
支払利息割引料	105	110	108	115	126
売上債権の増減	△800	△600	△400	△500	△500
棚卸資産の増減	△370	△280	△200	△130	△60
未収入金の増減	△20	20	0	0	0
仕入債務の増減	300	50	50	50	50
未払金の増減	94	△74	46	△57	18
未払消費税等の増減	0	85	△38	3	2
役員賞与の支払額	0	△2	△18	△24	△38
小計	74	79	340	272	432
利息及び配当金の受取額	5	11	12	4	3
利息の支払額	△79	△108	△109	△113	△124
法人税等の支払額	0	△24	△218	△216	△359
営業活動によるキャッシュ・フロー	0	△42	25	△53	△48
Ⅱ投資活動によるキャッシュ・フロー					
有形固定資産の増減	△2,000	0	0	0	0
投資その他の資産の増減	△300	0	100	0	0
投資活動によるキャッシュ・フロー	△2,300	0	100	0	0
Ⅲ財務活動によるキャッシュ・フロー					
短期借入金の増減	600	350	450	600	650
長期借入金の増減	1,600	△400	△400	△400	△400
配当金の支払額	0	△8	△75	△97	△152
財務活動によるキャッシュ・フロー	2,200	△58	△25	103	98
Ⅳ現金及び現金同等物の増加額	△100	△100	100	50	50
Ⅴ現金及び現金同等物期首残高	2,000	1,900	1,800	1,900	1,950
Ⅵ現金及び現金同等物期末残高	1,900	1,800	1,900	1,950	2,000

7　キャッシュ・フロー計算書を分析する方法

Point

キャッシュ・フロー計算書を分析する際には，貸借対照表及び損益計算書の分析数値と対比して行うことによって，より明確な結果を得ることができます。

1　キャッシュ・フロー計算書から把握できるもの

キャッシュ・フロー計算書から把握できることは次のとおり，会社の活動資金の源泉と使途に関することです。

①　会社が得た資金はどのようにして得られたのか。事業活動によるものなのか，本業以外の投資活動によるものなのか，それとも借入によるものなのか。

②　事業活動から得た利益を何に使ったか。設備投資に使ったのか，配当したのか，借入金の返済に充てたのか，それとも投資に使ったのか。

③　利益は出ているのに資金が減少しているのはなぜか。

④　事業活動からのキャッシュ・フローで必要資金がまかなえるのか，借入に頼っているのか。

キャッシュ・フロー計算書を分析することにより，貸借対照表及び損益計算書からだけでは分かりづらい企業の財務活動についての情報を得ることが可能となります。

ところで，「現金には色がつかない」という言葉があります。これは，営業で儲けた100万円も借入れした100万円も同じ100万円という現金に過ぎず，明確な区分がなされなければ後日の検証ができないことを意味しています。

しかし，キャッシュ・フロー計算書は資金の源泉と使途を明らかにしていますので，現金に色を付けるという機能も有しているのです。

2　貸借対照表科目との関係

ここで，キャッシュ・フロー計算書の分析を行うにあたって，貸借対照表の各勘定科目との関係について考えてみます。

資産負債の増減はキャッシュ・フローにどのような影響を与えるのでしょうか。以下，主要な資産負債の増減の影響とその分析方法について考えてみます。

⑴　棚卸資産の増加

棚卸資産が増加している場合は，不良在庫の存在や棚卸資産の過大計上の可能性があります。棚卸資産の増加は売上原価を減少させ利益を増加させますが，キャッシュ・フローの面から見ると在庫の資金化がそれだけ遅れることになりキャッシュ・フローに悪影響を及ぼします。

⑵　売上債権の増加

売上債権が増加している場合は，不良債権の存在や無理な押し込み販売，得意先の入金サイトの長期化などの可能性があります。

掛売上が増加すると売上増加分だけ利益を増加させますが，反面売掛金の回収が遅れることはその分現金の回収が遅くなることを意味し，キャッシュ・フローに悪影響を及ぼします。

⑶　仕入債務の増加

仕入債務の増加は支払サイトの長期化の可能性があります。これは資金繰りを助けキャッシュ・フローに良い影響を与えますが，逆に，資金繰りが苦しい時には支払サイトが長期化するということがいえます。

⑷　回転期間分析を行う

上記の(1)(2)(3)の検証を行うためには，回転期間分析を行うとはっきりとわかります。

棚卸資産の回転期間は棚卸資産の在庫日数を表し，これが長期化することは棚卸資産が滞留状態にあることを意味しています。売上債権の回転期間は売上債権の回収までの期間を表し，これが長期化することは入金サイトの長期化や不良債権の存在の可能性があります。また，仕入債務の回転期間は支払サイトを表しています。

(5)　時系列分析を行う

キャッシュ・フロー計算書が開示されていない場合でも，「図表６－７」及び「図表６－８」のように，貸借対照表と損益計算書が２期分以上あれば自ら作成することが可能です。決算期毎に比較できるように表を作成すればキャッシュ・フローの推移が明確になります。

例えば，設例「図表６－７」「図表６－８」の場合を見れば，損益計算書では毎期利益を出しているにもかかわらず，キャッシュ・フロー計算書では営業活動によるキャッシュ・フローはマイナスであり，このマイナスを短期借入金でまかなっていることが明確に読み取れます。

《著者略歴》

徐　瑛義（そう・よんい）　税理士・行政書士

1999年駒澤大学卒業後，同大学大学院及び中央大学法科大学院にて財政学，民法，民事訴訟法などを学ぶ。埼玉県内大手会計事務所及び都内公認会計士事務所勤務を経て，2008年に税理士法人東京税経センター（現セブンセンス税理士法人）を設立し代表社員に就任。

外資系企業に対する税務・会計コンサルティング，医科・歯科の経営支援，資産税案件に多くの実績を持つ。現在も広く実務全般に関与する傍ら，高度税務やマーケティングに関する税理士向けセミナーの講師も務める。

著書として，『新決算書の見方に強くなる本』『消費増税の全てがわかる』（金融ブックス），『相続・遺言・成年後見 100人の老後Q&A』『エンディングノート』（悠雲舎）などがある。

セブンセンスグループ（東京・千葉・静岡・山陰・石垣島）
HP：https:/www.seventh-sense.co.jp　Mail：info@seventh

《監修者略歴》

松嶋　洋（まつしま・よう）　税理士・元国税調査官

2002年東京大学卒業。金融機関勤務を経て2003年4月に東京国税局に入局。法人税・消費税の税務調査及び審理業務に従事し，税理士資格取得後の2007年に退官。退官後，税制研究のシンクタンクである日本税制研究所に勤務し，税法解釈と研究に従事する。

現在は，税務調査官，税法研究者としての経験を活かし，税務調査対策のコンサルタントとして，税理士向けのセミナー，執筆活動を行う傍ら，税務調査に悩む納税者の代理人として税務署との交渉にあたっている。

『元国税調査官が暴く　税務署の裏側』（東洋経済），『最新リース税制』（法令出版・共著），『国際的二重課税排除の制度と実務』（法令出版・共著）など著書多数。

金融のプロになるシリーズ第2巻

決算書の見方編

2020年4月1日　初版1刷
2022年9月20日　初版2刷

著　　者　徐　瑛義
監修者　松嶋　洋
発行者　湯浅三男

発行所　FSC 金融ブックス
http://www.kinyubooks.co.jp
〒101-0021 東京都千代田区外神田6-16-1-502
電話 03（5807）8771（代表）
FAX 03（5807）3555

印刷・製本　モリモト印刷株式会社

ISBN 978-4-904192-85-6 C3033